高等职业教育公共基础课系列示范教材

劳动教育

主　编　任庆凤　陈　静　徐春良
副主编　韩广存　刘家军　孟凡福
参　编　滕亚萍　耿艳芳　周忠云　彭秀娜
　　　　李金营　王鹤晓　夏德豹　朱洪涛
　　　　蔡美玉　高艳霞　董方杰　文宗楠
　　　　狄菲菲　吴仕磊　张学宇　王　丹
　　　　吕　萍
主　审　郝风伦

机械工业出版社
CHINA MACHINE PRESS

本书深入贯彻"培养德智体美劳全面发展的社会主义建设者和接班人"精神，以《中共中央国务院关于全面加强新时代大中小学劳动教育的意见》为指导，介绍职业院校学生需要参加的劳动教育相关内容，主要内容包括马克思主义劳动观、健康的劳动心理、日常居家劳动、校园一日常规、校园食堂劳动、校园社团劳动、校内实训劳动、企业生产劳动、社会服务劳动等。

本书作为高职院校、技师学院劳动教育教材，融理论、实践、考核于一体，案例来源于实际，具有鲜明的思想性和显著的实践性。

图书在版编目（CIP）数据

劳动教育 / 任庆凤，陈静，徐春良主编. —北京：机械工业出版社，2021.8
高等职业教育公共基础课系列示范教材
ISBN 978-7-111-68674-3

Ⅰ. ①劳… Ⅱ. ①任… ②陈… ③徐… Ⅲ. ①劳动教育-高等职业教育-教材 Ⅳ. ① G40-15

中国版本图书馆CIP数据核字（2021）第136818号

机械工业出版社（北京市百万庄大街22号 邮政编码100037）
策划编辑：陈玉芝　　责任编辑：陈玉芝　於　薇
责任校对：张　力　　封面设计：马精明
责任印制：常天培
北京宝隆世纪印刷有限公司印刷

2021年8月第1版第1次印刷
184mm×260mm·10.25印张·243千字
0001—7000册
标准书号：ISBN 978-7-111-68674-3
定价：37.50元

电话服务　　　　　　　　　　网络服务
客服电话：010-88361066　　　机　工　官　网：www.cmpbook.com
　　　　　010-88379833　　　机　工　官　博：weibo.com/cmp1952
　　　　　010-68326294　　　金　书　网：www.golden-book.com
封底无防伪标均为盗版　　　　机工教育服务网：www.cmpedu.com

前　言

  2018年9月，习近平总书记在全国教育大会上指出，要培养德智体美劳全面发展的社会主义建设者和接班人。青年学生不仅要在德智体美上成为优秀的时代新人和未来实现中华民族伟大复兴的主力军，还必须从劳动中体验生活的本质，了解社会责任，明确奋斗方向。推动教育与劳动相结合，让学生在劳动中增阅历、长才干、坚意志、熟技能、知荣辱、懂感恩，为美好的未来做好思想、信念、人格、品质上的准备。

  本书遵循职业教育规律，深入贯彻党的教育方针，落实立德树人根本任务，准确把握劳动教育目标，创新劳动教育理念。本书强化劳动观念、弘扬劳动精神，强调身心参与、注重手脑并用，有利于传承优良传统、彰显时代特征、发挥学生主体作用、激发创新创造精神。

  本书内容突出职业教育教材特点，融理论、实践、考核为一体，具有鲜明的思想性和显著的实践性，既有马克思主义劳动观的理论教育，又能有目的、有计划地组织日常生活劳动、生产劳动和服务性劳动，让学生在动手实践、出力流汗中提升道德修养，学会劳动技能，增强自身智慧，体验劳动的价值和快乐，更有科学、合理、多元化的劳动评价与考核设计，形成目标、内容、方法、管理、评价等相关联的劳动教育综合课，体现劳动教育的整体性。

  本书分为三篇：劳动理论篇、劳动实践篇、劳动考核篇。

  劳动理论篇，围绕立德树人这一根本任务，开宗明义地进行劳动价值观教育，引导学生正确认识和理解马克思主义劳动观，树立劳动最光荣、劳动最崇高、劳动最伟大、劳动最美丽的观念。

  劳动实践篇，内容上实现家庭与校园日常劳动、生产实训实习劳动、社会服务性劳动全覆盖，教学模式上采用模拟真实劳动过程的任务驱动教学。教学中融入知识链接、探究与思考、案例链接、任务实施、任务评价等环节，通过督促学生分担家务劳动、做好校园环境及秩序维护，并依托实习实训产教融合，将专业知识迁移到社会服务劳动实践教育过程中，使学生掌握必要的劳动知识和劳动技能，养成良好的劳动习惯，培育创造性劳动潜能。

  劳动考核篇，充分考虑考核指标及权重，将劳动出勤、劳动成果、劳动效果、团队合作、德育品格、心得体会、创新实践等纳入考核指标，形成自我评价以及教师、团队、服务对象和用人单位评价一体的考核体系。

为方便教师授课,本书配备了实用、完整的PPT课件。

本书由任庆凤、陈静、徐春良担任主编,韩广存、刘家军、孟凡福担任副主编,滕亚萍、耿艳芳、周忠云、彭秀娜、李金营、王鹤晓、夏德豹、朱洪涛、蔡美玉、高艳霞、董方杰、文宗楠、狄菲菲、吴仕磊、张学宇、王丹、吕萍参加编写。本书由任庆凤、陈静统稿,郝风伦审稿。在本书编写过程中参考了部分网站和平台的相关资料,在此对这些成果的作者和平台表示衷心感谢。

由于编者水平有限且编写时间仓促,书中难免存在不足之处,恳请广大读者批评指正。

编 者

目 录

前言

劳动理论篇

项目一　马克思主义劳动观　　　　　　　　　...002
　　任务一　树立马克思主义劳动观　　　　　...002
　　任务二　弘扬新时代劳动精神　　　　　　...007

项目二　健康的劳动心理　　　　　　　　　　...015
　　任务一　走近劳动心理　　　　　　　　　...016
　　任务二　培养健康的劳动心理　　　　　　...020

劳动实践篇

项目三　日常居家劳动　　　　　　　　　　　...028
　　任务一　居家插花　　　　　　　　　　　...028
　　任务二　沏茶与品茶　　　　　　　　　　...034
　　任务三　节日主题家庭环境布置　　　　　...040

项目四　校园一日常规　　　　　　　　　　　...047
　　任务一　教室劳动　　　　　　　　　　　...047
　　任务二　宿舍劳动　　　　　　　　　　　...052
　　任务三　校园劳动　　　　　　　　　　　...056

项目五　校园食堂劳动　　　　　　　　　　　...061
　　任务一　食堂售饭　　　　　　　　　　　...061
　　任务二　面点制作　　　　　　　　　　　...066
　　任务三　餐厅服务　　　　　　　　　　　...070

CONTENTS

项目六	校园社团劳动	...080
	任务一　学校运动会	...080
	任务二　美文鉴赏	...088
	任务三　安全演练	...093
项目七	校内实训劳动	...102
	任务一　汽车维护	...102
	任务二　3D打印	...110
	任务三　社交礼仪	...115
项目八	企业生产劳动	...121
	任务一　7S现场管理	...121
	任务二　商品包装	...129
项目九	社会服务劳动	...135
	任务一　社会调查	...135
	任务二　公益劳动	...139
	任务三　志愿服务	...143

劳动考核篇

项目十　　考核的目的与意义		...150
项目十一　考核办法		...153

参考文献

劳动理论篇

项目一　马克思主义劳动观
项目二　健康的劳动心理

项目一　马克思主义劳动观
Project One

➜ 教学目标

知识目标：了解马克思主义劳动观的内涵及其特征，了解劳动精神、劳模精神、工匠精神的内涵及三者的关系。

技能目标：明确新时代青年应树立的马克思主义劳动观，为踏入社会做准备。

素养目标：培养良好的劳动态度，树立正确的职业道德观、自我奋斗创造人生价值的价值观。

📖 引导案例

六集电视纪录片《劳动铸就中国梦》，以习近平总书记系列讲话精神为指导，充分体现了习近平总书记关于劳动的重要论断和社会主义核心价值观的基本精神，以劳动铸就中国梦为主题，用讲故事的方式，生动描绘了伟大的中国人民投身改革开放和社会主义现代化建设的辉煌历程，在全球经济危机的形势下确立了"劳动是推动人类社会进步的根本力量"这一正确认识，深刻阐释了在实现"中国梦"进程中如何弘扬劳动精神、激发劳动热情、调动广大人民群众的劳动创造性的问题。劳动能够推动社会进步，改变国家命运，它创造了中华民族的辉煌昨天，也必将创造出中华民族的光明未来。

任务一　树立马克思主义劳动观

劳动是成功的必由之路，劳动可以创造物质财富、精神财富，还能用于实现自我价值。同学们从学校劳动、家庭劳动、社会志愿服务中体验到劳动的艰辛和不易，这有助于劳动精神的实践性入脑入心，也有利于培养同学们勤俭节约、奋斗奉献的精神品质，从而养成热爱劳动的习惯，形成正确的劳动观。

一、马克思主义劳动观的基本观点

1. 人是劳动的产物

人之所以为人,最根本的特点是具有劳动能力或物质生产的能力,也就是形成了劳动的机能。具体地说,人区别于其他动物的本质是在一定社会关系中使用自己创造的工具改造物质世界,以满足自己的物质需要的能力。正是这种能力的形成和发挥造就了人类和人类社会。劳动是人维持自我生存和自我发展的唯一手段。根据劳动所依靠的主要运动器官的不同,劳动可分为脑力劳动和体力劳动。

探究与思考

"君子劳心,小人劳力。劳心者治人,劳力者治于人。"这段古文是什么意思?它反映的劳动观念你认同吗?请说一说体力劳动和脑力劳动的区别。

劳动是人类运动的一种特殊形式,是人类适应自然和改造自然的活动。马克思对劳动做了一个简要定义:"劳动力的使用就是劳动本身。劳动力的买者消费劳动力,就是叫劳动力的卖者劳动。"这里的劳动指的是劳动的动态形式,即劳动过程。恩格斯也指出:"劳动是整个人类生活的第一个基本条件,而且达到这样的程度,以致我们在某种意义上不得不说:劳动创造了人本身。"恩格斯认为,手的使用和语言、思维的产生,都是在生产劳动过程中形成和发展的。正是由于劳动,人才得以从动物界中分化出来,因此说劳动创造了人本身。

2. 劳动是人类社会关系形成和发展的基础

人类在劳动过程中,一方面通过行为方式的变换与思维方式的变换来形成信息,通过价值判断与价值评价来选择信息,并通过经验和能力等方式来储存和传播信息。另一方面,劳动促进了手与脚的分工,使人学会了制造和使用工具,促进了语言、思维和动作的产生和进化,加速了信息的积累与处理。最后,随着劳动的发展,人类活动变为社会生产劳动,人与人形成社会生产关系,还从事其他社会活动,从而形成其他社会关系。

人类与动物的区别主要有四点:第一,制造和使用生产工具从事生产劳动,获取自己所必需的物质生活资料,是人类区别于动物界的根本标志;第二,人类的活动具有社会性,这是人类区别于动物界的根本特征;第三,人类与自然界的关系和动物与自然界的关系具有不同的性质,也是人类与动物的一个重大区别;第四,人类社会与动物界的上述种种区别,造成了社会发展的继承方式与动物界发展的继承方式不同。人类与动物的上述区别说明,人类虽是从动物进化而来的,但又不同于任何动物。

案例链接

相传，远古人民"茹毛饮血"，尚不知道取火进行熟食。有一个叫燧人氏的人，见大鸟啄木出火（也有说看到森林自行起火），认为木中藏火，于是"几经攻治，几番试验"，用不同的树枝进行摩擦，最终"噗"的一声，树枝开始燃烧起来，找到了人工钻木取火的方法，人类才有了自己取的第一把火。

鸟栖于树，以喙啄木而火星隐现，因此点燃了燧人氏的智慧之火。圣人异于常人的地方，就在于他总是能在司空见惯的现象中抽取本质，用充满智慧的劳动使人类的文明进入一个前所未有的高度。

> 在人的生活中，最主要的是劳动训练。没有劳动就不可能有正常的人的生活。
> ——卢梭

劳动之所以被确认为是价值的唯一源泉，并不是因为抽象意义上的定义，而是因为劳动在信息（包括人类机体的生物信息）的形成、传播、处理和运行过程中起着决定性作用，因此可以说劳动创造了所有价值和人类本身，劳动是人类全部社会关系形成和发展的基础。

3. 环境、人类和劳动协调发展

劳动是自然史发展的一部分，劳动使人从自然界中分化出来，是人类社会不同于自然界的根本标志。但劳动本身并不能离开自然界，劳动和自然界一起构成一切财富的源泉。自然界为劳动提供材料，劳动把材料变为财富。人类已经从自然界分化出来，并通过改造自然来维持自己的生存与发展。但人类不可能离开自然，人类必须以自然作为自己生存和发展的基础与条件。因此，人类如果对自然只是片面地攫取和破坏，不能建立起人与自然之间的和谐与平衡，那么人类社会是难以可持续发展的。我们研究生态系统、环境问题以及当代环境问题的目的，就是从人类社会可持续发展的高度上来更深入地认识人与自然的关系。

资料链接

都江堰位于四川成都平原西部的岷江上，距成都50多千米，是我国最古老的水利工程之一，也是我国科技史上的一座丰碑，被誉为世界奇观。都江堰是战国时期秦国蜀郡太守李冰及其子率众修建的一座大型水利工程。李冰到蜀郡任职后，亲眼看到岷江两岸山高谷深、水流湍急、水势浩大，常冲决堤岸，严重影响当地百姓生活。每年夏秋洪水季节，常造成东旱西涝。李冰和他的儿子沿岷江两岸深入调查研究，在总结前人治水经验的基础上，制定了治理岷江的规划方案，经过艰苦奋斗，终于在公元前256年前后建成都江堰。

都江堰水利工程科学地解决了江水自动分流、自动排沙、自动排水和引水的难题，收到了行水灌田、防洪抗灾的功效。时至今日，都江堰依旧发挥着重要作用，灌区达30余县市，面积近千万亩，是迄今为止，世界上年代最久、唯一留存且仍在持续使用、以无坝引水为特征的宏大水利工程。都江堰水利工程是中国古代劳动人民勤劳、勇敢、智慧的结晶，是人类与大自然共同发展、共同进步的最好标志。

探究与思考

社会的不同分工决定了劳动的不同形态，想一想：我们应该怎样从不同的劳动岗位上找到自己的价值，获取劳动幸福感？

二、马克思主义劳动观的特征

1. 科学性和革命性

马克思主义是科学，其根本特征就在于以科学的实践观为基础，实现了严格的科学性和彻底的革命性的高度统一，因而能够对全世界无产阶级和劳动群众产生不可遏止的吸引力。劳动对人和人类社会的形成和发展具有根本的决定意义。"劳动创造了人本身"，这是马克思主义劳动观的一条基本论断。

马克思主义劳动观是无产阶级和劳动群众根本利益的理论表现，这是马克思主义最鲜明的政治立场。作为无产阶级意识形态的马克思主义，没有一切剥削阶级和小资产阶级思想体系所固有的阶级狭隘性和片面性，它的劳动观的阶级性、真理性和人民性是一致的，因而具有彻底革命的性质。

2. 实践性和阶级性

马克思主义特别强调劳动改造世界的实践功能，是最广大人民群众认识世界和改造世界的最锐利的思想武器。

社会主义社会的劳动是摆脱了剥削的劳动者互助合作为自己和为社会所进行的劳动。在社会主义制度下，劳动者以生产资料共同所有者和生产过程管理者的身份从事劳动，给劳动的性质赋予了新的意义：劳动不再是为资本家生产剩余价值，受资本家的支配和监督，而是为自己和社会进行的自觉、自愿的创造性活动，体现着劳动者的共同意志，是劳动者实现自己理想的过程。

3. 开放性和时代性

马克思主义并不是封闭的"最终真理"，而是为真理的发展开辟了道路，随着实践的发展、时代的变化而不断发展，凸显了鲜明的开放性和时代性特征。

马克思主义劳动观是开放性的，随着实践的发展而发展。通过实践不断审视和批判自己的观点，超越和发展自己的理论，使马克思主义劳动观得以不断丰富和完善。

马克思主义劳动观源于时代又超越时代。理论来源于实践，任何理论都是时代的产物。马克思主义是资本主义机器大工业时代的产物，是适应时代的需要、适应无产阶级革命斗争需要的产物。

资料链接

1886年5月1日，以芝加哥为中心，发生了约35万人参加的大规模罢工和示威游行，示威者要求改善劳动条件，实行八小时工作制。5月3日，芝加哥政府出动警察进行镇压，开枪打死两人，事态扩大。5月4日，罢工工人在干草市场广场举行抗议，由于不明身份者向警察投掷炸弹，最终警察开枪，先后共有4位工人、7位警察死亡，这一事件史称"干草市场暴乱"。为纪念这次伟大的工人运动，1889年7月，在法国巴黎举行的由各国马克思主义者召集的社会主义者代表大会上，宣布将每年的5月1日定为国际劳动节。1890年5月1日，欧美各国的工人阶级率先走向街头，举行盛大的示威游行与集会，争取合法权益。从此，这一天被定为国际劳动节。

中国人民庆祝劳动节的活动最早可追溯至1918年。新中国成立以后，中央人民政府政务院于1949年12月将5月1日定为法定的劳动节，全国放假一天。

探究与思考

劳动节的意义是什么？我们能在劳动节到来时为弘扬劳动精神做些什么？

三、新时代马克思主义劳动观的内涵

1. 形成时代特色，丰富了劳动内涵

马克思主义劳动观是中国共产党人劳动思想的理论源泉。党的十八大以来，在继承和发展马克思主义劳动观的基础上，我党逐步形成了新时代的马克思主义劳动观，即中国特色社会主义劳动思想体系，将新时代马克思主义劳动观贯彻落实到社会主义现代化建设实践的全过程和各方面。同时，结合新时代历史特点，对马克思主义劳动观进行了创新性解读，形成了具有时代特色的劳动思想体系，为新时代营造崇尚劳动、尊重劳动的良好氛围提供了重要指导。

劳动的作用要通过劳动者来实现，随着社会主义市场经济的不断推进，劳动与劳动者之间的关系发生了深刻变革。习近平总书记阐释了新时代劳动对劳动者的价值内涵，并指出"劳动是推动人类社会进步的根本力量"。劳动者不仅可以自由劳动，而且可以通过劳动追逐个人人生梦想、实现人生价值、创造更加美好的生活。新中国成立以来，尤其是改革开放以来，中国特色社会主义取得了举世瞩目的成就，这与全体中华儿女的辛勤劳动是分不开的，未来，我们还将依靠脚踏实地的劳动实现伟大的中国梦。

2. 劳动创造了历史，劳动创造了美

劳动是物质性的和功利性的活动，而审美则是精神性的和非功利性的活动。在马克思主义劳动观中，劳动在特定历史阶段是异化的和非自由的，但在社会主义和共产主义社会中，

劳动却如同艺术创造一样具有审美的特性。在此基础上，马克思提出了"劳动创造了美"这一命题。

案例链接

时传祥出生在一个贫苦农民家庭，14岁逃荒流落到北京，受生活所迫当了淘粪工。在旧中国，淘粪工不仅受到社会的歧视，还要受行业内部一些恶势力的压榨和盘剥，时传祥在这些人手下一干就是20年，受尽了压迫与欺凌。新中国成立后，国家给了他做人的尊严，他内心充满感激。他把淘粪看作十分光荣的工作，以身作则，以苦为乐，不分分内分外，任劳任怨，满腔热情，全心全意为人民服务。为转变部分青年工人怕脏怕丑的思想，年近半百的时传祥脏活累活抢在前，并对青年工人言传身教，以"工作无贵贱，行业无尊卑，宁愿一人脏，换来万人净"的职业道德观，教育青年一代安心本职工作。后来，时传祥成为享誉全国的劳动模范。

"劳动最美丽"，不仅指劳动行为的美丽，而且要求劳动者在劳动的过程中具有美丽的心灵以及高尚的道德和品格。我们党把中国特色社会主义现代化建设的需求与劳动相联系，制定了新时代评价劳动价值的社会标准，主张任何职业没有高低贵贱之分，不能差别、歧视对待体力劳动和体力劳动者，并要求通过价值塑造、劳动实践、制度建设等几个方面，引导人民群众树立正确的劳动观，营造崇尚劳动、尊重劳动的浓厚氛围。

探究与思考

通过查阅资料等方法，以绘画、雕塑等形式，表达一下你对劳动创造美的理解。

任务二 弘扬新时代劳动精神

📖 引导案例

第三套人民币上的图案是各行业劳动者的形象，包括炼钢工人、纺织工人、女拖拉机手等。那么，他们的原型是谁？图案设计者的设计理念又是什么呢？

一、劳动精神与劳模精神、工匠精神

新时代劳动精神蕴含着深刻而丰富的思想内涵，它以马克思主义劳动观为逻辑起点，以中华民族优秀的传统文化为历史逻辑，以社会进步、时代发展为现实逻辑，科学阐释了熠熠生辉的人类精神文化之美，使劳动成为理解人类、认识社会、把握未来的基本方式和具体方法。在新时代，我们应通过塑造劳动品格、重构劳动认同、鼓励劳动创造、完善劳动制度等方式，探索劳动精神培育的新路径。

幸福都是奋斗出来的，新时代是奋斗者的时代。实现中华民族伟大复兴这一共同的奋斗目标，离不开全体劳动者的辛勤劳动、诚实劳动和创造性劳动。讴歌劳动、鼓励创造，是中华民族生生不息、不断进步的历史基因。回望过去，可以发现我国近现代史是一部我国人民用劳动创造改变命运的伟大传奇。嫦娥探测器成功发射，"两弹一星"，航母出海试航，国产大型水陆两栖飞机水上首飞，北斗卫星全球组网……100年来，在党的领导下，我国广大劳动群众自力更生、艰苦奋斗，取得了一项又一项伟大成果。

成功＝艰苦的劳动＋正确的方法＋少说空话。
——爱因斯坦

探究与思考

新时代给予技能人才更大的成长空间，同时也赋予其更多的使命，只有在自己的技术领域潜心钻研，做个有思想、有担当的技术能手，才能配得上这个奋进的时代。谈谈你对这句话的认识。

案例链接

2020年7月31日是一个必将载入史册的日子，我国科研工作者经过26年的不懈攻坚奋斗，北斗三号全球卫星导航系统在这一天正式开通。这不仅是我国在科技领域上的一项重大突破，还是一件具有战略意义的历史性大事件。北斗三号全球卫星导航系统是我国迄今为止，规模最大、覆盖范围最广、服务性能要求最高的巨型复杂导航系统。

卫星导航系统是大国象征、强国标配。在目前世界上的四大导航系统中，能真正在军民领域可靠运行的，只有美国的GPS和中国的北斗系统。较之美国的GPS，北斗卫星导航系统不仅能提供定位、授时等服务，还可以提供GPS没有的短报文通信服务，是当之无愧的大国重器。

从北斗试验导航卫星、北斗区域导航卫星再到如今的北斗三号全球卫星导航系统，我国终于建成了拥有自主知识产权的北斗卫星导航系统。

1. 劳动精神

劳动精神是每一位劳动者为创造美好生活而在劳动过程中秉持的劳动态度、劳动理念及其展现出的劳动精神风貌。党的十八大以来，习近平总书记关于劳动和劳动精神的系列重要讲话是我们正确理解劳动精神的重要依据，也是大力弘扬劳动精神的重要参考。关于劳动，习近平总书记强调,劳动是财富的源泉,也是幸福的源泉。人世间的美好梦想,只有通过诚实劳动才能实现;发展中的各种难题,只有通过诚实劳动才能破解;生命里的一切辉煌,只有通过诚实劳动才能铸就。

案例链接

厉家寨位于山东省莒南县东北部的大山脚下,自然条件十分恶劣,生产条件极差。当地早年间流传着一句俗语:"穷山恶水种地难,既怕涝来又怕旱,十年就有九年歉;沙石盖子旱龙岗,锄地叮当响,种地不打粮。"当时老百姓的生活是"棒子煎饼两手捧,地瓜稀粥照人影",家家户户过着半年糠菜半年粮的生活。甚至有很多人家常年以讨饭为生。而如今,却是另一番景象:"庄稼倒映在明净的水面上,果树环抱着秀丽的村庄……"而这幅令人向往的乡村画卷,是几代厉家寨人凭着"愚公移山"的精神,凭着一双手两个肩、一把锄头一张锨大干苦干的结果。可以说,厉家寨的景象囊括了几代人的心血与汗水。

1956年,厉家寨人民在党的领导下,整山治水,改造自然,艰苦奋斗,敢为人先,通过叠地、深翻地、建"二合一"梯田和"三合一"梯田、"三化"园田等办法,努力实现粮食丰收再丰收,粮食单产由原来的七八十千克递增到270多千克,提前十年实现了全国农业发展纲要目标,创造了令世人瞩目的辉煌业绩。

2. 劳模精神

一个人之所以成为劳模,是因为其在平凡的岗位上做出了不平凡的业绩,坚守坚定的基本信念、价值追求。"劳动模范身上体现的'爱岗敬业、争创一流,艰苦奋斗、勇于创新,淡泊名利、甘于奉献'的劳模精神,是伟大时代精神的生动体现。"

资料链接

全国劳动模范:党中央、国务院授予在社会主义建设事业中做出重大贡献者的荣誉称号。

全国五一劳动奖章和全国五一劳动奖状:中华全国总工会授予在中国特色社会主义建设中做出突出贡献的劳动者和企事业单位、机关团体的光荣称号,是中国工人阶级的最高奖项之一。

3. 工匠精神

工匠精神是指在制作或工作中追求精益求精的态度与品质,是职业道德、职业能力、职业品质的体现,是从业者的一种职业价值取向和行为表现。从工匠精神的角度看,坚守执着是一个人的本分,精益求精是一个人的追求,专业专注是一个人的作风,追求极致是一个人的使命,一丝不苟是一个人的境界,自律自省是一个人的行为。

案例链接

陈行行，1990年出生于山东省济宁市微山县鲁桥镇，毕业于山东技师学院，现为中国工程物理研究院机械制造工艺研究所高级技师，先后获得"全国五一劳动奖章""全国技术能手""四川工匠"等荣誉称号。2019年1月18日，陈行行当选2018年"大国工匠年度人物"。

在校学习期间，一次偶然的机会让陈行行意识到一技傍身的重要性，于是他立志多学一门手艺，做复合型的高技能人才。从此，他便充分利用学校的专业条件，凭借不懈的努力考取了十多个职业资格证书，涉及电工、焊工、钳工、模具设计等共8个工种，成为名副其实的"考证达人"。陈行行谈道："考证不仅仅是为了拿到证书，而是通过这个过程使自己多掌握一门技术，为今后的工作打下坚实的基础。"

陈行行靠着全面的技能、扎实的编程功底和精湛的操作技术，应聘到了中国工程物理研究院机械制造工艺研究所，成为操作着价格高昂、性能精良的数控加工设备的新一代技能人员。在数控加工操作中，他精通多轴联动加工技术、高速高精度加工技术和参数化自动编程技术等，尤其擅长薄壁类、弱刚性类零件的加工工艺与技术窍门。在多项重要型号产品的急难险重任务中，他凭借扎实、深厚、全面的专业功底和敢于创新的精神，以技术革新推动技术进步，攻坚克难，啃下了一块又一块"硬骨头"。2019年1月，29岁的陈行行当选2018年"大国工匠年度人物"。"技能成就人生，学习创造未来"，这是陈行行为自己写下的人生信条。

"现在我们国家的高技能人才，尤其是顶尖的高技能人才是非常短缺和珍贵的。成为优秀技能人才，一样可以获得很好的收入，一样可以有很好的职业发展前景，一样可以实现自己的人生理想与价值。能够通过技能报效祖国，是我们这一代年轻人感到无比光荣的事情。"这就是陈行行奋进的动力。

工匠精神是社会文明进步的重要尺度，是我国制造行业前行的精神源泉，是企业竞争发展的品牌资本，是员工个人成长的道德指引。"工匠精神"就是追求卓越的创造精神、精益求精的品质精神和用户至上的服务精神。

探究与思考

工匠精神可以给世界带来无限精彩。作为职业院校的学生，我们将来也会成为奋斗在劳动最前线的技术工人。我们应该如何培养自己的工匠精神？如何在未来的工作中将工匠精神发挥到极致？

4. 三者之间的关系

劳动精神在新时代的突出表现是劳模精神和工匠精神，这两种精神具有鲜明的中国特色，彰显了时代特点、民族风范，是全体劳动者必须汲取的精神营养，是全民族的思想引领。要树立劳模榜样，大力弘扬劳模精神，继承和弘扬劳模崇高的敬业奉献精神和责任担当意识；要注重重塑工匠精神，坚持以马克思劳动观为指导，以"大国工匠"的执着信念和精益求精的追求，助推我国由制造大国向制造强国转变。

资料链接

新时期产业工人队伍建设改革方案

2017年，中共中央、国务院联合印发《新时期产业工人队伍建设改革方案》，方案明确提出，要把产业工人队伍建设作为实施科教兴国战略、人才强国战略、创新驱动发展战略的重要支撑和基础保障，纳入国家和地方经济社会发展规划。方案强调，要突出产业工人思想政治引领，加强理想信念教育、职业精神和职业素养教育，大力弘扬劳模精神、劳动精神、工匠精神。保证产业工人主人翁地位的制度安排，适当增加产业工人在党的代表大会代表和委员会委员、人民代表大会代表、政协委员、群团组织代表大会代表和委员会委员中的比例。方案强调，大力弘扬劳动精神、劳模精神、工匠精神，引导产业工人爱岗敬业、甘于奉献，培育健康文明、昂扬向上的职工文化。可见，新时代职工文化建设是弘扬劳模精神、劳动精神、工匠精神的有力抓手。

不同时代的劳动内涵也在不断更新，但"爱岗敬业、争创一流、艰苦奋斗、勇于创新、淡泊名利、甘于奉献"的劳动精神始终是不变的。实现中华民族伟大复兴的中国梦，根本上要靠包括工人阶级在内的全体人民的劳动、创造、奉献。让劳动之花在新时代最美绽放，就必须实现好、维护好、发展好广大普通劳动者的根本利益，这就需要运用法治思维和法治方式创新体制机制，为广大劳动者岗位建功、才尽其用、各居其位、各得其所开辟广阔天地，让劳动热情充分迸发、创造智慧充分涌流。

案例链接

走进山东临工工程机械有限公司的车间，各种规格的黄色运输小车有条不紊地穿梭在生产线上。此时，工作人员站到前方，小车自动制动；待工作人员离开，小车继续前行，中途无须任何人工操作……这是我国自主研发的磁导航越野式重载AGV（自动导引运输车）。它最高载重可达10吨，填补了AGV在工程机械行业的空白，已经获得国家实用新型专利。

谈起这个项目，要从一款外购的老式AGV说起。2013年，山东临工工程机械有限公司花20多万元购进一台AGV，用起来却问题不断：功能不全、载重不够、售后不及时……面对这些难题，只有高中学历的维修电工邱峰决定带着徒弟徐文豪自主研发真正适合临工的AGV。在公司的支持下，邱峰团队从2013年立项开始，历经4次迭代400多次提升，最终研发出了磁导航越野式重载AGV，获得全国机械工业优秀质量创新成果奖、山东省职工优秀技术创新成果一等奖第一名。现在，山东临工共使用着160多台AGV，每年可节省成本1000多万元。

二、弘扬新时代劳动精神

1. 劳动创造美好生活

劳动是产生一切力量、一切道德和一切幸福的源泉。劳动创造了世界，带来了现今的幸福生活。因为劳动，人类告别了茹毛饮血、食不果腹的原始生活，开始了直立行走，成为万物之灵。随着生产生活资料的不断丰富，劳动不再仅仅是人的谋生手段，更逐渐成为生活的第一需要。

在劳动中，人类从刀耕火种到机械高效，再到信息爆炸，生产力经历了一次又一次质的飞跃。这个过程中，劳动推动人类文明快速发展。

回望我们国家走过的历程，从"站起来""富起来"到"强起来"，背后都凝结着劳动者的艰辛。当前，我们比历史上任何时期都更接近中华民族伟大复兴的目标，比历史上任何时期都更有信心、更有能力实现这个目标，但这需要一代又一代劳动者不忘初心，不辞劳苦，撸起袖子，卷起裤脚，甘于奉献，勇于献身，真抓实干。

"民生在勤，勤则不匮。"人世间的一切美好生活都是劳动创造的，从来都没有不劳而获、坐享其成的幸福，每一名劳动者用自己坚定的初心、勤劳的双手、伟大的创造，共同托起一个富强民主文明和谐美丽的社会主义现代化国家。

> 我们世界上最美好的东西，都是由劳动、由人的聪明的手创造出来的。
> ——高尔基

探究与思考

"中国高铁"现在已成为我国走向世界的一张名片。想一想：在我们享受高铁快捷便利的服务背后，有多少劳动在支撑？

2. 劳动创新引领社会发展

《中共中央国务院关于深化体制机制改革加快实施创新驱动发展战略的若干意见》指出："创新是推动一个国家和民族向前发展的重要力量，也是推动整个人类社会向前发展的重要力量。"实施创新驱动发展战略，科技创新是基础和核心。从一定意义上说，创新引领经济社会发展。

在市场经济条件下，企业是科技创新的主体。创新需要依托科技发现和发明，还需要顺应市场形势变化。因此，在发展的不同时期，科技创新势头时大时小、领域或宽或窄，但创新活动不断加强是一个大趋势。在一定时期出现的科技创新高潮就是科技革命。

科技革命不仅影响企业行为和经济运行，还渗透到社会生活的方方面面，影响和改变人的生活方式和思维方式，也将促使工业社会转变为科技、知识社会，重塑现代化的内涵和现代文明。当前，互联网、云计算、大数据、3D打印等新技术的创新和应用呈加快发展态势，新一轮科技革命正在孕育突破。时代大趋势和我国经济发展进入新常态的新形势，都对加快科技创新、充分发挥科技引领发展的功能提出了新的和更高的要求。

探究与思考

请查阅相关资料，从时间、成果、生产方式等方面比较四次工业革命的特征。

21世纪，技术工人是支撑中国制造、中国创造的重要基础。随着科学技术的不断进步，新的劳动形态也不断进入我们的视野，但无论如何变化，劳动依然是支撑人类社会运行的最重要的支柱。

案例链接

港珠澳大桥

港珠澳大桥是一座连接香港、珠海和澳门的巨大桥梁、以超大的建筑规模、空前的施工难度以及顶尖的建造技术而闻名世界。

港珠澳大桥全长 55 千米，是全球最长的桥隧组合跨海通道。大桥以总长 6648 米的"沉管隧道"、主跨 460 米的"双塔钢箱梁斜拉桥"、用钢量相当于 11 个鸟巢、多项世界难题、澳门万位停车场等成为最具特色的"标志"。同时，港珠澳大桥还是世界上最长的六线行车沉管隧道、世界上跨海距离最长的桥隧组合公路。

我国建设的大桥很多，但是，港珠澳大桥是涉及多地、投资超千亿、刷新 7 项技术世界纪录，集桥、岛、隧道为一体，被英国《卫报》纳入"现代世界七大奇迹"的全球第一例跨海大桥。

3. 劳动增强奋斗，实现人生价值

奋斗是成就事业和梦想的根本。美好的生活需要靠奋斗实现，个人的成功、国家的富强、民族的振兴，都要建立在奋斗的基础上。我国用几十年的时间走完了西方发达国家上百年走过的发展历程，实现从"一穷二白"到建立现代工业体系和国民经济体系的跨越，综合国力显著提高，人民生活极大改善，中国特色社会主义充满生机与活力，靠的正是一代代人艰苦卓绝的奋斗。没有奋斗，幸福就如同无根之萍、无源之水，无从谈起。

新时代是奋斗者的时代，是每一个怀揣梦想、奋力拼搏者的时代。这种奋斗，是美好生活的源泉，也是解决社会深层矛盾，营造更加公平的环境、更加优良的机制的根本途径。

"白日不到处，青春恰自来。苔花如米小，也学牡丹开。"清代诗人袁枚的小诗《苔》，正是个人为梦想默默努力、为时代奋勇拼搏的精神写照。把自己融入奋进的潮流中，在奋斗中创造价值、收获幸福，必能迎来属于自己的时代。

案例链接

王传喜是山东省临沂市兰陵县卞庄街道代村社区党委书记、村委会主任，党的十九大代表。

20 世纪 90 年代初期，代村人心散、治安乱、环境差，是全县出名的上访村、乱子村。1999 年年初，王传喜当选代村党支部书记、村委会主任，面对乱象和困境，他带领村干部，广泛听取党员群众意见，从治乱入手，抓治安、抓清欠，村里的各项工作逐渐步入正轨。

2000 年年初，王传喜面对重重困难，规划建设了"代村农业科技示范园"，引进一批合作社、农业企业进入园区；累计投资 10 亿元，规划建设全国第一家国家农业公园；以兰陵现

代农业示范园为基础,实现生态农业和现代农业的融合,培育休闲农业和乡村旅游支柱产业;建设了"沂蒙老街",集观赏游览、体验农艺、购物为一体。2010年规划投资建设了代村商城,凭借现代农业和乡村旅游这张名片,经营兴旺。在此基础上,代村还开发建设了"代村商贸物流城",增加就业人口6000多人,车辆1000多台,集体收入4000多万元。2017年旅游业收入突破了3500万元,企业、合作社、经营户的收入超过了6000万元。

王传喜身体力行地践行着新时期沂蒙精神,默默奋斗、服务群众,赢得了干部群众的广泛赞誉,曾先后获得全国劳动模范、全国优秀共产党员、时代楷模等荣誉称号。

4. 学好职业技能,提高劳动本领

当前,世界各国的竞争,主要是经济和科技实力的竞争。职业技能教育在提高劳动者素质、促进就业、实现经济增长方式转变,以及延迟就业、缓减就业压力、促进地方经济社会发展、增强社会和谐稳定中所起的作用日益明显。

职业技能培养在广大劳动者的职业生涯中发挥着重要作用。提升劳动者的职业技能,是我国经济社会发展的必然。对国家而言,劳动者素质和企业竞争力的提高,是经济发展社会进步的最大推动力量。

"知者行之始,行者知之成。"职业院校学生具备良好的职业技能是顺利就业的前提。调动学生学习职业技能的积极性,帮助学生学好职业技能,努力提高参与社会生活的劳动本领就显得更为重要。

资料链接

《职业技能提升行动方案(2019—2021年)》

2019年5月,国务院办公厅印发《职业技能提升行动方案(2019—2021年)》,成为当前和今后一个时期大规模开展职业技能培训工作的指导性文件。

该方案强调把职业技能培训工作作为实施就业优先政策,实现更高质量和更充分就业的重要举措。将企业职工、农民工、城乡未继续升学的初高中毕业生等就业重点群体和贫困劳动力作为培训重点。他们的素质技能提高,就业能力和稳定性就会增强,产品和服务质量也会随之有所提升。要把企业的主体作用发挥出来、职业院校的基础作用调动起来、社会培训资源的优势发掘出来,扩大培训规模。该方案要求提高技能人才比重,明确到2021年年底,技能劳动者占就业人员总量的比例要达到25%以上,高技能人才占技能劳动者总量的比例要达到30%以上。这是出于优化我国技能人才比例结构,重点提升培训质量和层次的考虑。高质量职业技能培训将培养更多高素质技能人才。

超级推荐

《天渠》是一部剧情片。该片主要讲述了黄大发几十年如一日,克服艰难困苦,带领群众在绝壁上凿出一条"天渠",实现脱贫致富的奋斗历程,深入刻画了一名优秀共产党员不忘初心、牢记使命、对党忠诚,决心干事创业的形象。

项目二　健康的劳动心理

Project Two

➜ 教学目标

知识目标： 了解劳动心理健康的含义及影响因素，掌握培养健康劳动心态的基本方法。

技能目标： 明确新时代青年应树立的健康劳动心理，促进人格的健全发展。

素养目标： 培养良好的劳动心理，树立正确的劳动思想和劳动审美观，增强劳动意识。

📖 引导案例

巴甫洛夫，条件反射学的创始人，1904年荣获诺贝尔生理学和医学奖，从小就十分热爱劳动。

在他小时候，有一天，巴甫洛夫和弟弟米加约好去园子里种树，费了很大劲儿才挖了一个坑，正要把苹果树栽下去的时候，爸爸从屋里跑出来了，指着园子里一块凸出的高地对兄弟俩说："你们看，那儿地势高，一下雨，这里就会积水，苹果树不就被淹死吗？"

弟弟听了爸爸的话，小嘴一噘，不高兴地走了。而巴甫洛夫并不灰心，跟着爸爸在高地上挑选了一块空地，重新挖起来……

巴甫洛夫从小养成爱劳动的习惯，一直持续到晚年。俄国国内战争年代，他还在实验室周围的空地上种菜，自力更生地解决了吃菜的困难。

"人们在那里高谈阔论天启和灵感之类的东西，而我却像首饰匠打金锁链那样精心地劳动着，把一个个小环十分适宜地连接起来。"——巴甫洛夫

探究与思考

巴甫洛夫从小热爱劳动，对他后来成为著名的生理学家有什么影响？

任务一 走近劳动心理

一、健康

健康是指一个人在肉体、精神和社会等方面都处于良好的状态，它包含了身体的健康和心理的健康。世界卫生组织提出"健康不仅仅是躯体没有疾病，还要具备心理健康、社会适应良好和道德健康"。由此可见，心理上的健康与生理上的健康一样重要。也就是说，健康的人要有强壮的体魄和乐观向上的精神状态，并能与社会及自然环境保持协调的关系。

资料链接

世界卫生组织提出的十项健康标准

① 精力充沛，能从容不迫地应付日常生活和工作的压力而不感到过分紧张和疲劳。
② 处事乐观，态度积极，乐于承担责任，事无巨细不挑剔，工作有效率。
③ 善于休息，睡眠良好。
④ 应变能力强，能适应环境的各种变化。
⑤ 具有抗病能力，能够抵抗一般性感冒和传染病。
⑥ 体重得当，身材均匀，站立时头、肩、臂位置协调。
⑦ 眼睛明亮，反应敏锐，眼睑不发炎。
⑧ 牙齿清洁，无空洞，无龋齿，无痛感；齿龈颜色正常，不出血。
⑨ 头发有光泽，无头屑。
⑩ 肌肉、皮肤富有弹性，走路轻松有力。

探究与思考

根据以上十项健康标准判断自己的健康程度。

二、心理健康

心理健康是指心理的各个方面及活动过程处于一种良好或正常的状态。心理健康的理想状态是保持性格完好、智力正常、认知正确、情感适当、意志合理、态度积极、行为恰当、适应良好的状态，即个体能够适应发展着的环境，具有完善的个性特征，且其认知、情绪反应、意志行为处于积极状态，并能保持正常的调控能力；在生活实践中，能够正确认识自我，自觉控制自己，正确对待外界影响，从而使心理保持平衡协调。

资料链接

青少年心理健康的标准

①智力正常。
②有情绪的稳定性与协调性。
③有较好的社会适应性。
④有和谐的人际关系。
⑤反应能力适度与行为协调。
⑥心理年龄符合实际年龄。
⑦有心理自控能力。
⑧有健全的个性特征。
⑨有自信心。
⑩有心理耐受力。

心理健康是一种持续且积极发展的心理状态，在这种状态下，主体能做出良好适应，并且充分发挥其身心潜能。青少年时期是人生的一个重要转型时期，良好的心态有助于青少年形成对社会、家庭、人生的正确认识，并对其今后一生的道路产生深远的影响。

案例链接

一个小男孩，在成长的过程中，总是不能控制自己的情绪，稍不如意，就会无缘无故地生气和乱发脾气。父亲给了他一大包钉子，并告诉他，坏脾气、爱生气对人对己都不好，今后你如果实在忍不住，想发脾气或生气时就用铁锤在家后院的栅栏上钉一颗钉子。

第一天，小男孩在栅栏上钉了37颗钉子。后面几天里，小男孩试着控制自己的情绪，遇到不高兴的事情的时候，尽量控制自己不生气或不发脾气。几周下来，小男孩渐渐学会了控制自己的情绪。他发现控制自己的坏脾气比往栅栏上钉钉子要容易得多。终于有一天，小男孩整整一天都没有往栅栏上钉一颗钉子，他高兴地把这件事告诉了父亲。看到儿子的转变，父亲高兴地说："今后的日子里，如果你能坚持一整天不发脾气或生气的话，就从栅栏上拔出一颗钉子。"不久后，小男孩就把钉在栅栏上的钉子全都拔掉了。

父亲带着孩子来到了栅栏边对他说道："你做得很好，我为你的改变感到骄傲。你看，栅栏上留下了那么多钉子钉过的小孔，栅栏再也不是原来那个样子了。当你向别人发脾气的时候，你的言语就像这些钉子一样，会在别人的心里留下疤痕。无论你说多少次对不起，疤痕永远都在。你明白了吗？我们对人所造成的伤害，再多的弥补都无济于事，宁可事前小心，也不要事后悔恨。因此在生气的时候，不管怎样都要留下退一步的余地，以免做出无法挽回的事来。"

自查：在平时的生活中，你能否保持快乐的情绪？
表现：_____
不足：_____

三、劳动心理

所谓劳动心理，指的是劳动者在社会中所处的地位以及人与人之间的关系对劳动者工作在心理上的影响程度。正确处理人际关系、正确对待工作和生活的压力、不断克服心理障碍，是调适心理状态、达到心理健康的重要方面。因此，劳动者的心理健康是健康的一个重要组成部分。

案例链接

关注员工心理健康 推动企业和谐发展

日本松下电器公司在管理过程中，为了调整员工情绪，提高工作效率，在其下属的各个企业都设置了被称为"出气室"的"精神健康室"。

一个满腹牢骚的员工只要到此处一游，出来后就会变得心平气和，甚至笑容满面。那么，奥妙在哪儿呢？原来，员工们一走进室内，迎面看见的是一排各式各样的哈哈镜。一看到哈哈镜中自己的那副"尊容"，自然就会被逗得哈哈大笑，满腹的怨气便不知不觉地在笑声中消失了。如果余怒未消，那么走过哈哈镜后，员工可以看到一些橡皮人，他们可以对着橡皮人喊叫甚至击打，以此来解除心中积郁的闷气。过后，有关人员还会找员工谈心聊天，沟通交流思想，答疑解惑。就这样，松下公司逐渐形成了"上下一条心、团结和谐"的家一般的工作氛围。

探究与思考
怎样保持一种高效的、令人满意的、持续的心理状态？

四、择业心理

所谓择业，就是择业者根据自己的职业理想和能力，从社会上各种职业中选择其中的一种作为自己从事的职业过程。择业心理是指岗位劳动对劳动者择业时心理上的影响程度，是劳动心理的重要指标。也就是说，择业是一个有计划、有目的的心理训练过程。因此，我们在择业时应主动培养良好的心理素质，把择业过程中的心理压力降到最低点，及时克服在择业过程中经常出现的心理障碍，以健康的心理应对充满竞争的就业市场。

案例链接

怎样走出择业心理误区？

20世纪90年代，我国的就业制度就已经开始了改革。从计划经济体制下的"统包统分"到市场经济体制下的"双向选择，自主就业"，人们有了更多的择业自主权和择业机会。但是，很多职业院校的学生仍会碰上择业挫折，找到的工作严重低于自己的心理预期。这该如何面对呢？

1. 排除从众心理

所谓从众心理，是个人受到外界人群行为的影响，而在自己的知觉、判断、认识上表现出符合公众舆论或多数人眼光的行为方式。在职业院校毕业生择业问题上，从众心理表现为愿意到大城市、大企业去工作。其实到大城市、大企业工作并不一定是最佳的职业选择，而只是从众心理影响的结果。职业院校的学生应当理性分析，要结合自己的兴趣和专业知识，在以后的工作中将自己的能力发挥出来，体现自己的价值，才是最重要的。

2. 摒弃虚荣心理

虚荣心理是指人们为了取得荣誉和吸引普遍的注意而表现出来的社会情感和心理状态。虚荣心过强者在择业时往往把注意力集中在有社会地位的、体面轻松的、收入高待遇好的就业岗位上。这些学生不考虑自己的竞争力，一旦目标无法实现，就显得无所适从，心理矛盾极度严重。

建议同学们在选择职业时首先自问：我需要什么样的工作？我适合做什么样的工作？我能得到什么样的工作？经过冷静思考得出结论后再付诸行动，才可能真正丢掉虚荣的思想包袱，选择真正适合自己的职业。

3. 克服挫折心理

挫折心理是指在个体从事有目的的活动的过程中遇到障碍和干扰，致使个人动机不能实现、需要不能被满足时的情绪状态。当一个人产生挫折心理后，就可能陷入苦闷、焦虑、失望、悔恨、愤怒等多种复杂情绪之中。因此，挫折心理是一种消极的心理状态。

在就业问题上，职业院校学生受到挫折是因为他们的去向和抱负不能为社会和亲友所理解和接受，从而产生自我怀疑的感觉。这往往是职业院校学生自我评价不准确造成的，而且通常是期望值越高，挫折感就越重。还有的学生担心自己的学历低、操作技能水平低，害怕"毕业就是下岗"，有的学生甚至为此寝食不安。还有的学生对所学专业不满意、没兴趣，自己又没有办法改变现实，于是整天心绪不宁、唉声叹气、愁眉苦脸。

4. 抑制羞怯心理

虽然现在实行的是"双向选择，自主择业"的就业制度，但很多职业院校的学生还是寄希望于学校或者家长帮助自己解决就业门路或去向的问题。对于学校承诺保证毕业生推荐就业的，学生往往十分喜爱、情有独钟。这也说明不少学生在内心深处还是惧怕或者不愿意自主就业，更缺乏创业精神和能力。

为克服上述弱点，毕业生平时要加强面试技巧的训练，培养自己的应变能力和语言表达能力，以便给用人单位留下良好的"第一印象"，从而帮助自己顺利就业。

自查： 在面对就业问题时，你是否有以上心理误区？
表现：_____
不足：_____

任务二　培养健康的劳动心理

一、健康的劳动心理的意义

人的一切智慧、成就、财富、幸福都始于健康的心理。现代社会节奏快、竞争激烈、压力大。如果我们没有一个良好的心态，就很难应对各种挑战。正确的劳动观点和劳动态度，热爱劳动和尊重劳动人民的情感，以及养成的劳动习惯均能促进我们健康心理的形成和发展。

> 辛勤的蜜蜂永远没有时间悲哀。
> ——威廉·布莱克

1. 劳动能够培养学生的耐心以及吃苦耐劳的精神

劳动教育是通过学校和教师的正确指导完成的。注重开展各种形式的以吃苦耐劳精神为主题的教育活动，并且不能因为学生怕脏怕累而放松要求。在劳动前，还可以让学生开展讨论：完成这次劳动，在时间上怎样安排最省时、最合理？按什么样的流程进行劳动才能避免窝工？这次劳动中难度最大的环节是什么？需要注意的安全事项是什么？如果劳动的过程比较复杂，可以让学生列一个统筹安排流程表，把时间安排、劳动过程列出来，争取每次劳动前都让学生对安排做到心中有数、杂而不乱。经常这样训练，学生便能学会做事从"小"处着手、考虑细节、节省时间和体力，从而逐渐养成操作规范、认真细致的生活习惯。

劳动教育既是增强学生身体素质的重要手段，又是促进学生心理健康发展的有效途径。从古至今，劳动始终是人类生存发展的必要手段。我国著名教育家陶行知先生提出"教育要在劳力上劳心"，强调培养手脑健全的人。

2. 劳动能够培养学生的集体荣誉感，形成团结互助的精神

集体荣誉感是对集体的热爱、对身边人的关心，是一种积极的态度，是激发人们奋发上进的精神力量。集体荣誉感还是一种约束力量，它能使学生感到不能为集体争光或做了有损于集体荣誉的事是一种耻辱，产生一种自遣、自责的内疚感，从而使学生为维护集体的荣誉和利益而服从集体的决定，克服自身的缺点。

人与人之间的关系直接影响着一个人的心理健康，良好的人际关系能增强人的自信心。互相团结、互相关心、互相帮助是幸福、有安全感的生活状态。现代社会竞争激烈，学会合作是时代对人们提出的要求。劳动离不开合作和协调。当遇到某些复杂的劳动时，可以让学生分工合作，将劳动任务分解到人，以保证顺利完成，同时还能促进学生间的情感交流。

3. 劳动能够释放学生的心理压力，缓解其紧张情绪

心理压力即精神压力，现代社会中很多人都有所体验。总的来说，心理压力有社会、生活和竞争三个压力源。压力过大、过多会损害身体健康。现代医学证明，心理压力会削弱人体免疫系统，从而导致外界致病因素引起肌体患病。现代生活的压力无时无刻不在挤压着人们，而劳动可以帮助人们放松身体，释放压力，缓解心理紧张的情绪。

4. 劳动能够培养学生的社会责任感，使其成为对社会有所贡献的人

社会责任感是在一个特定的社会里，每个人在心理和感觉上对其他人的伦理关怀和义务，是一种道德义务。

要多鼓励学生去做利人利己的事情，多参加社会活动，多学习先进的文化，使学生从小就有大局观、爱国观和上进观。在小事上，要教育学生站在自己和他人的双重立场上看问题；在大事上，要教育学生站在社会和国家的角度看问题。这样，我们培养的才是合格的、有价值的、能为社会做贡献的学生。

案例链接

克洛克的家境并不富裕，于是他利用课余时间在一家快餐店打工。起初，老板安排他专门擦桌子，他毫无干劲儿，当天就溜回了家。克洛克向父亲诉苦："我的理想是做老板，不是擦桌子。" 父亲没有反驳他，而是叫他先把自家的餐桌擦干净。克洛克拿来毛巾，在桌子上随意擦了一遍，然后看着父亲，等他验收。

父亲拿来一块崭新的白毛巾，在桌面上轻轻擦拭了一下，洁白的毛巾立即脏了，分外刺眼。父亲指着桌子说："孩子，擦桌子是很简单的活儿，但是你连桌子都擦不干净，还能做好什么，凭什么做老板？"克洛克听了羞愧难当。

克洛克回到了快餐店，他谨记父亲的教诲，每次擦桌子都要准备 5 条毛巾，依次擦 5 遍，而且每次都顺着同一个方向擦，为的是不让毛巾重复污染桌面。

最终，克洛克得到快餐店老板的赏识留了下来，后来还接管了那家快餐店，做了老板。10 年后，他创立了自己的餐饮公司——麦当劳。

有人向克洛克讨教成功秘诀，他总是自豪地说：因为我有一位伟大的父亲，他教会了我怎样才能把桌子擦得最干净。

探究与思考

克洛克的故事对你有何启示？你认为他成功的秘诀是什么？

二、影响劳动心理健康的因素

人的劳动心理健康是一个相对独立的、极为复杂的和动态的过程，影响因素有很多，主要有以下六个方面。

1. 生物学因素

对劳动心理健康有影响的生物学因素主要有遗传因素、化学中毒或脑外伤、病菌或病毒感染、躯体疾病或生理机能障碍等。躯体疾病或生理机能障碍也是造成影响心理健康的因素

之一。例如，一个人若患有内分泌机能障碍，尤其是甲状腺机能紊乱、亢进，患者往往会出现暴躁、易怒、敏感、情绪冲动、自制力减弱等心理异常表现；若肾上腺素分泌过多，则可能患上躁狂症，而肾上腺素分泌不足则可能患上抑郁症等。

2. 家庭因素

父母的心理健康水平同孩子的心理健康水平密切相关。父母是孩子的第一任老师，孩子在怎样的环境中成长起来，接受什么样的教育，对他们的心理发展具有直接影响。大量研究表明，不良的家庭环境因素容易造成家庭成员的心理异常，这也势必会影响到学生的劳动心理健康，可能会产生自卑心理、厌学心理、畏难心理、怕吃苦心理等。

3. 社会因素

政治、经济、文化教育、社会关系等属于影响劳动心理健康的社会因素。而各种不健康的思想、情感和行为，会严重腐蚀人的劳动心理健康。社会因素对一个人的生存和发展几乎起着决定性作用。

（1）**学校环境因素** 学校环境主要包括学校教育条件、学习条件、生活条件，以及师生关系、同伴关系等。学生的大部分时间是在学校中度过的，学校是学生学习、生活的主要场所，因此学校环境对学生的心理健康影响极大。

（2）**其他因素** 其他因素主要包括生活事件与环境变迁、社会文化背景等。生活事件指的是在日常生活中遇到的各种各样的社会生活的变动。生活事件会使人产生应激反应，如果在一段时间内发生太多的生活事件，或者某个生活事件持续挥之不去，个体的躯体和心理健康状况就很容易受到影响。社会文化背景对一个人的生存和发展几乎起着决定性作用，尤其在现今社会，人与人之间的交往日益广泛，各种社会传媒的作用越来越大，生活紧张事件增多，矛盾、冲突、竞争加剧，所有这些都会加重人们的心理负担，不利于身心健康。

4. 认知因素

认知过程就是获得、储存、转换、提取和使用信息的过程。人类个体的认知因素涵盖范围很广，包括感知、记忆、注意、思维、想象、语言等。

认知因素之间是相互影响的。倘若某一认知因素发展不正常或某几种认知因素之间的关系失调，就会产生认知的矛盾和冲突，从而会使人感到紧张、烦躁和焦虑。认知因素之间的失调程度越严重，人们减轻或消除失调、维持平衡的需要和期望就越强烈。如果这种期望和需要长时间得不到满足，就可能使人产生心理偏差或心理障碍。

5. 情绪因素

人的情绪体验是维持身心健康的重要因素，是一个人机体生存和社会适应的内在动力，它是多维度、多成分和多层次的。

经常波动而消极的情绪状态，往往使人心境压抑、精神涣散、身体衰弱、工作效率降低；稳定而积极的良好情绪状态，则往往使人心情愉快、精力充沛、身体健康、工作效率提高。因此，维持良好情绪、排除不良情绪，对劳动心理健康是十分重要的。

6. 技能因素

技能是指个体运用已有的知识经验，通过练习而形成的一定的动作方式或智力活动方式，包括初级技能和技巧性技能。初级技能是借助于有关的知识和过去的经验，经过练习和模仿而达到"会做"某事或"能够"完成某种工作的水平。技巧性技能则要经过反复练习，完成一套操作系统以达到自动化的程度。一个人如果技能水平高，对职业活动得心应手、应对自如，就会在工作中收获成就感；反之，就会感到力不从心、心力交瘁。因此，在校学生应努力提高自己的技能水平。

案例链接

2006年9月，小裴以高分考入中油一建技校焊接专业，开始如饥似渴地学习。

"我辅导过几千名学生，但像小裴这样特别爱学习、爱钻研，给我留下深刻印象的学生不多。"中油一建技校王老师说，"从他的眼神里可以看出他对知识的渴望，让人打心底里想教好这个学生。"

王老师告诉小裴，要想学好焊接技术，先要学好理论知识，还要多上手练习，在实际操作中用心琢磨。小裴每天下午放学后，都要留在教室里多看一会儿书。回到宿舍，别的同学睡着了，他还在伏案学习。

小裴好学，也很有悟性。每次操作后他都要把自己的试件拿给老师点评，并把老师的点评记下来，整理成学习笔记。比别人更多地付出令他的焊接技术后来居上，小裴的技能很快在班上遥遥领先，并最早通过了焊接中级资格考核。

两年后，小裴代表中油一建技校参加了中国石油在廊坊管道职业技术学院举办的电焊技能竞赛，获得第二名。2009年年初，他又闯入第九届全国工程建设系统焊工技能竞赛决赛，获得第六名。

凭借出色的焊接技能，小裴实现了人生一大转折——2009年8月，他被中油一建选中，成为这家央企的一名电焊工。他的青春也像美丽的焊花一样，从国内到海外，在一个个重点工程中绽放。

小裴表现出的焊接天赋，也引起了中国石油集团人事部门的关注。2010年8月，中国石油集团人事部技能开发处选送他到中国石油洛阳焊接安装技术培训中心进行强化培训。

在指导老师、中国石油集团技能专家等金牌教练的指导下，小裴白天练操作，晚上学理论，辛苦程度不亚于在工地上挥汗如雨。但他的刻苦已经不只是为了改变家庭命运了，而是要立志当一名更加优秀的焊工。

"最让人难受的是仰脸焊接，有时一不留神焊花或者金属液就会顺着袖口往下流，甚至衣服都会被点着。"小裴说。有一次周末回家，母亲发现他的胳膊上烫了好几个核桃大小的水泡，心疼得直落泪。

洒下的是汗水，收获的是技能。在培训中心的学习，让小裴的焊接技术和综合素质突飞猛进，他参加国内相关技能竞赛并取得好名次后，开始向世界技能大赛进发。

中油一建工会宣教部部长徐哲告诉记者，小裴保持了刻苦耐劳的本色，在学习技术上也比别人付出了更多的心血和汗水，闯出了一条攀登世界技能高峰的道路。

攀登世界高峰——牢记使命，为国争光，小裴在世界技能大赛上夺得银牌，实现了我国在该赛事奖牌零的突破。

有"技能奥林匹克"之称的世界技能大赛，是国际技能和技术培训的顶级赛事。2011年10月，在英国伦敦举行的第41届世界技能大赛上，21岁的小裴为我国夺得了一枚宝贵的银牌。

2013年4月，23岁的他是1224名"全国五一劳动奖章"获得者中最年轻的一个。

希望总在前面——不惧贫困，年少有志，读技校学技术打开人生另一扇大门。

探究与思考

小裴从一名普通技校毕业生到成为能够载入史册的中国工匠，仅仅用了两年多的时间。你从他的成功中得到了哪些启发？

三、培养健康的劳动心理的基本方法

1. 参加家务劳动，提高自立自强的意识和能力，学会珍惜与感恩

家务劳动，是指家庭成员在日常家庭生活中必须从事的一种无报酬劳动，包括洗衣做饭、购买日用品、清洁卫生、照顾老人或病人等。

做家务有利于自我管理生活，可以培养学生自立自强的意识和能力。苏霍姆林斯基认为：劳动不仅使人心地正直，而且能使人身强力壮。同时，学生分担家务劳动后，亲身体验到家务的繁重与琐碎，切身体会到父母的辛劳，从而会懂得关心父母、体贴父母、孝敬父母。这样，孩子对父母的抱怨、抵触就会减少，而且在日常的共同劳动中还会增加对父母的信赖和感情，从而构建一种融洽、和谐、欢乐的亲子气氛。

2. 开展学校劳动，培养集体荣誉感

学校要发挥主导作用，安排集体劳动。集体劳动可以使学生体会到集体的力量、集体的温暖，同时让学生对劳动有更深入的认识，亲身体会到劳动的艰辛和光荣，让学生重视劳动、重视自己的劳动成果。集体劳动也同样加强了学生的劳动观念，帮助学生树立正确的人生观、价值观。集体劳动还培养了学生的责任心，让学生认识到，作为这个社会的一员，我们有义务去为社会发展建设奉献出自己的力量。

3. 参加公益劳动，培育社会公德

公益劳动是不计报酬、不谋私利、不斤斤计较的。公益劳动培养学生关心公共事业，提高社会实践能力，引导他们接触、了解社会。定期开展校内外公益服务性劳动，做好校园环境秩序维护，运用专业技能为社会和他人提供相关公益服务，培育社会公德，厚植爱国爱民的情怀。

4. 依托实习实训，增强职业认同感和劳动自豪感

职业认同感是指个人对职业的肯定看法。通过参与真实的生产劳动和服务性劳动，增强职业认同感和劳动自豪感，同时让学生在学以致用的过程中激发学习兴趣，提高实践能力，加深对学科知识的理解，即提升创意物化能力，并且培育不断探索、精益求精、追求卓越的工匠精神和爱岗敬业的劳动态度，坚信"三百六十行，行行出状元"，体会劳动创造美好生活，体会劳动不分贵贱，热爱劳动，尊重普通劳动者。

资料链接

劳动是创造物质财富和精神财富的过程，是人类特有的基本社会实践活动。劳动教育是发挥劳动的育人功能，对学生进行热爱劳动、热爱劳动人民的教育活动。

劳动教育是新时代党对教育的新要求，是中国特色社会主义教育制度的重要内容，是全面发展教育体系的重要组成部分，是大中小学必须开展的教育活动。

——2020年7月7日《大中小学劳动教育指导纲要（试行）》

劳动教育既是实施素质教育的重要内容，又是学生强身健体的重要手段，更是促进学生心理健康成长的有效途径。

超级推荐

电影《钢的琴》是由张猛执导，王千源、秦海璐等主演的喜剧电影。影片讲述了一位父亲为了女儿的音乐梦想而不断艰苦努力，最后通过身边朋友的帮助用钢铁为女儿打造出一架钢琴的故事。该电影通过小人物的幽默与艰辛，展露了一段感人至深的亲情和友情。

劳动实践篇

项目三　日常居家劳动
项目四　校园一日常规
项目五　校园食堂劳动
项目六　校园社团劳动
项目七　校内实训劳动
项目八　企业生产劳动
项目九　社会服务劳动

项目三　日常居家劳动
Project Three

➡ 教学目标

知识目标：了解有关居家插花、沏茶品茶、家庭布置配色的常识。

技能目标：掌握插花的操作方法及要领，掌握沏茶的操作方法及要领，掌握节日主题家庭布置的配色及配饰技巧。

素养目标：通过插花制作、沏茶品茶、家庭环境布置，培养学生的创新精神和实践能力，提升学生的审美能力和创造力，增强集体协作精神，做"生活悠享家"。

➡ 项目描述

让劳动成为一种态度，让"动手"成为一种习惯，生活是最好的老师，家庭是最亲近的课堂。承担家庭劳动是爱家、责任与担当的体现，学会必要的居家劳动技能，分担家务，成为一名有关爱力的"生活悠享家"。本项目设置居家插花、沏茶品茶、家庭环境优化三个任务，通过日常居家劳动，让家和生活在劳动创造中变美，倡导健康、有品质的居家生活，同时在实践中体会劳动精神，增强感恩意识、责任意识。

教学场地：本项目三个任务在教学实施中，建议分别在花艺实训室、茶艺实训室和室内设计实训室完成。

课时建议：6课时。

任务一　居家插花

➡ 任务引入

鲜花不仅可以装点环境，还可以陶冶人们的情操。鲜花已经走进了我们的生活，成为居室的一抹风景。艺术源于生活，美来自内心，插花这种盛开在生活里的艺术，所能带来的不只是感官与身心上的愉悦体验，更是一种艺术性的创造与美学的享受。请同学们做"生活悠享家"，用鲜花装点自己的家，给生活增添色彩和趣味。

知识链接

插花艺术,是指将剪切下来的植物的枝、叶、花、果作为素材,经过一定的技术(修剪、整枝、弯曲等)和艺术(构思、造型、设色等)加工,重新配置成一件精制完美、富有诗情画意、能再现大自然之美和生活之美的花卉艺术品。

一、插花的类型

常见的插花类型多按色系分类,但居家插花多按插花器皿分类,比如挂件式插花、花篮式插花、瓶插花、盆式插花等。

1. 挂件式插花

挂件式插花常在一些挂灯或者壁挂上插几枝花,既增添挂件的艺术美,又使居室变得生机盎然。

有些挂件式器皿,比如透明小瓶子和灯泡式的小花瓶,都非常清新可爱。

2. 花篮式插花

花篮式插花在生活中常用到,最常见的是节日庆贺花篮。花篮式插花常用花型较大的花材,比如月季、牡丹、菊花、香石竹、石斛兰、康乃馨、玫瑰等。

3. 瓶插花

瓶插花具有古典美,这和花瓶优雅的外形有一定关系。花瓶具有一定高度,一般插花高度不超过瓶子高度的 2 倍。瓶插花的原则是"一枝二枝正,三枝四枝斜"。一大束的瓶插花要相互交叉、错落有致。

4. 盆式插花

较瓶插花的高度而言,盆式插花属于低矮型器皿插花。人的视角常看到的是俯视角度和正侧面,因此在进行盆式插花时要尤为注意这些角度。

5. 木盒插花

木盒插花是一种欧式风格的插花,以木盒作为插花器皿,常用在餐桌上作为装饰,通常体积较小,只起点缀作用。

6. 野趣式插花

野趣式插花是指可自由选择各式山花野草作为花材,花材的选择凭个人喜好,有一种别具一格的野趣。

二、常见的插花花材与花语

了解生活中适宜居家插花的花材花语,可使作品更具有艺术性和表现力。

序号	花材名称	花材使用说明	花语
1	玫瑰	切花花材中,玫瑰的使用频率较高,无论是居家环境装点还是节日氛围烘托,玫瑰都是最好的切花材料之一。玫瑰颜色多种多样、品种繁多,可以根据个人喜好来选择	纯洁的爱情。在希腊神话中,爱神为了救他的情人急速奔跑,手和腿被玫瑰花的刺划破了,鲜血滴在花瓣上,白色花瓣变成了红色,红玫瑰便成了爱情的象征
2	百合	花店里的百合一般是已去掉花蕊的。若是含苞待放的百合,开花后,需要及时将其花蕊摘除掉,否则花蕊粘在花瓣上会影响花朵美观	纯洁、庄严、事业顺利,象征吉祥如意。我国取其名称寓意,意为百年好合
3	康乃馨	母亲节、妇女节的经典用花,以粉色和红色花朵为主,价格适中,适合作为看望病人的礼物	象征母爱、慈爱、健康。花瓣层层叠叠,犹如母亲对儿女绵绵不断的爱护和关怀
4	向日葵	花朵明亮大方,适合观赏摆饰	憧憬、光辉、爱慕
5	郁金香	原产于荷兰,因其花苞形态符合东方人表达感情时的含蓄方式,广受喜爱。颜色主要有红色、白色、黄色,节假日常常会用其来做花盒,是非常受欢迎的一种花材	红色郁金香表示热情的爱与告白,白色郁金香有纯洁爱恋的寓意,黄色郁金香有开朗的含义
6	银芽柳	一种线型花材,具有独特气质,可爱中有些古典,但不太适合初学者使用	银芽柳的花语为自由自在。名字中的"银"字蕴含招财进宝之意
7	唐菖蒲	这种花的茎干直立,是一种线型花材。通常一枝上面能开一串的鲜花。如果你的插花作品里缺少了一个支点的话,可以来上几株唐菖蒲。常见的颜色有红色、粉色和蓝紫色	有"用心""福禄""福贵""坚固""节节上升""幽会""爱恋""长寿""康宁""怀念"等含义
8	勿忘我	紫蓝色散形花材,常以"配角"出现在花束中,经常烘干后使用,以便保存更长时间	花中情种,常常用来表达永恒的爱、浓情厚谊、永不变心
9	银叶菊	叶花,作为陪衬可搭配色彩艳丽花材,也可单独插花使用。其花枝像冬季里的雪景,具有如梦如幻的气质	花语是"收获",象征生活中会有收获
10	散尾葵	与银叶菊一样,常作为插花陪衬,它的叶片很大,需修剪后再使用	株体大气,叶子四散分开,有四面腾达的寓意,有助于事业发展
11	尤加利叶	尤加利叶盛产于澳大利亚,是考拉最喜欢的食物,可净化空气,颜值较高,多作为花艺配材,有清新空气的效果	花语为恩赐。澳大利亚很多土地贫瘠,但尤加利叶生长得非常好,为人们提供花蜜、木材和水资源,故被称为来自大地的恩赐

三、插花的原则

插花像绘画一样，动手前要做到心中有花，整体构图和大色彩要心中有数。不论是中式插花还是西式插花，一般遵循以下几个原则。

1. 整体和谐

搭配很重要，花材要与花瓶相搭，花瓶也需要与周围的家具相搭。不论是从室内光线颜色、空间大小，还是从插花用途、欣赏对象等因素来看，都要与花本身的色彩相互搭配。一般来讲，日常花卉可新颖一些，节日花卉可色彩浓艳一些。

2. 色彩协调

插花时以主花颜色为基准，各种花材之间相互协调，辅色起到点缀衬托作用。不能各种颜色都有，而且还比重一样多。花材之间的色彩配合应该与插花的主体相符，东方式插花的色彩整体效果以"雅"为佳，宜色彩含蓄；西方式插花以"繁"为佳，宜色彩浓烈。

3. 构图平衡

插花类似摄影，符合构图平衡才会给人美的感受，构图对作品成败起到至关重要的作用。东方式插花注重意境美，注重枝条和叶的伸展，故额外需要给人均衡感。西方式插花比较注重均衡，一般注意左右对称即可。插花常见构图有垂直形、L形、椭圆形、水平形等。

4. 适当留白

插花是一门艺术，注重陈列美感，因此适当留白非常有必要。配花与主花相辉映，有形与无形相呼应，应增强疏密对比、虚实结合，营造空灵玄妙之感。

5. 疏密有致

花材在安排中应有疏有密。一般在作品重心处要密，远离作品重心处要疏，有留白和对比。无论是单体作品还是组合作品，都应该表现出整体性和均衡感。花材仰俯呼应，把观众视线引向重心，产生稳定感。

6. 点、线、面的协调

花艺搭配讲究协调，多维空间用点、线、面等造型要素有层次性，上下左右、前后层次分明而又趋向统一。避免主要花朵在同一水平线或同一垂直线上。

7. 稳中求变

花材各部分安插基部像树干一样聚集，拧成一股劲儿，似为同根生。上部如树枝分散，发挥个性，适当散开，婀娜多姿，作品既有多变丰实的个性，又有统一性。

四、家庭插花的要点

家庭插花具有很大的灵活性和很强的个性，空间不同，装饰效果呈现不同。插花时，需事先考虑构图，选择花样，搭配颜色，且要锐意创新，不必拘泥于固定形式。另外，还应根据居室装修风格和需要来设计摆设。

1. 客厅插花

客厅是接待亲朋好友的地方，插花需浓艳喜人，给人美满、盛情的感觉，注重欢快明朗。

2. 书房插花

书房是看书学习的地方，插花宜清淡简朴、枝叶疏密，注重清静雅致。

3. 卧室插花

卧室宜摆放柔美纤细、典雅质朴的插花，使人安宁舒适，常以浅色花材为主（如晚香玉、水仙、蜡梅、浅色月季等），色彩不宜艳丽，重点体现淡、简、雅，烘托恬静、温馨、幽雅的环境。

任务实施

选取某一种家庭插花，选择合适的花材与花瓶，完成一件插花作品，并为作品写 100 字的推荐语。

1）教学场地：花艺实训室。
2）准备材料：花、花瓶、剪刀、胶水、透明胶带、细金属丝。
3）操作步骤：3~5 名同学一组，自主设计、合作创作出一份插花作品。

> **安全小提示：**
> 1）进入实训室，应着装合理，请勿携带与教学无关的物品入内。
> 2）听从教师统一安排，按步骤操作，不准擅自操作处理。
> 3）不喧哗，不吵闹，不随意走动。禁止挥舞剪刀、铁丝、玻璃器皿、花枝等。
> 4）操作产生的垃圾要及时归类处理，以保证良好的操作环境。
> 5）操作完毕后，请及时整理花器花材，打扫卫生，关闭电源，关好门窗。

① 选好插花材料。根据插花放置位置，选择鲜艳、饱满的花材作为焦点花材，并注意高低搭配及和谐性。

② 选择花瓶。花瓶要大方、典雅、洁净，形状、大小要和花枝配套。可在花瓶底部放几块小石头作为点缀，同时可保持花瓶平稳，避免头重脚轻。

③ 注意水质。插花用水最好采用"天落水";若用自来水,需事先于缸中静放三日,且瓶水不可一劳永逸,应每日置换。晚上可将花瓶移于室外,接受雨露滋润。

④ 特殊处理。为延长花期,某些花材需做特殊处理。比如牡丹、芍药,插瓶前可用火柴把花枝基部烧焦,则可多开几日;又如玫瑰,在蔗糖水中插养,能保持 9 天不衰。

⑤ 设计造型。插花造型可根据个人喜好自由发挥,无定式,常见的有扇形、三角形、圆形或任意形状。花枝可选一种或两三种,做到有神有色、搭配巧妙、摆放得体。

4)小组自荐作品,接受师生鉴赏点评。
5)小组根据师生点评,进一步完善作品、丰满造型。
6)评选"最美插花"。

居家插花工作页

放置位置	客厅□	书房□	卧室□	餐桌□
花材	百合花□ 郁金香□ 尤加利叶□	玫瑰□ 勿忘我□	康乃馨□ 银叶菊□	向日葵□ 散尾葵□
插花类型	挂件式插花□ 盆式插花□	花篮式插花□ 瓶插花□	木盒插花□ 野趣式插花□	
需改进之处	多色相配主次不足□ 色彩深浅浓淡不足□		花色搭配用了对比强烈的颜色相配□ 花材形态变化不足□ 其他□	
作品推荐				
作品名称及祝福语				

任务评价

评价方式	评语及建议
自评	展示并介绍本组插花作品,交流制作经验和感受
组评	对他组作品进行点评,指出作品的实用性、合理性、新颖性以及尚可改进的地方
师评	引导学生从多角度评价,鼓励学生对问题的解决提出不同的方案

任务二 沏茶与品茶

任务引入

我国是茶的故乡,也是世界上产茶、饮茶最早的国家。茶已成为我国各族人民乃至世界各国民众普遍喜爱的一种饮品。饮茶不但是我国的传统文化,更是一种健康、绿色的生活方式。闲暇时间与家人、朋友坐下来沏一壶茶,轻言慢语,感受茶美、器美、水美、意境美、形态美、动作美、茶艺美与服务美的完美结合,可以弘扬博大精深的中华茶文化,品出自我百般韵味。

知识链接

常见的茶叶种类有绿茶、红茶、乌龙茶、白茶、黄茶、黑茶等。沏茶技术包括烫壶、置茶、温杯、高冲、闻香、品茶、茶叶用量、沏茶水温和冲泡时间。通过了解沏茶器具、规范的沏茶工序和品饮方法,可从茶汤的色、香、味、形中获得精神上的美妙感受。

一、常用的茶艺冲泡器具

常见的冲泡器具包括茶壶、茶杯、茶盅、茶碗、盖碗、茶道组、茶荷、茶巾、茶洗、煮水器、储茶罐水盂等。

1. 茶壶

茶壶是泡茶和斟茶用的带嘴器具。茶壶由壶盖、壶身、壶底和圈足四部分组成。壶盖有孔、钮、座、盖等部分;壶身有口、延(唇墙)、嘴、流、腹、肩、把(柄、扳)等部分。由于壶的把、盖、底、形的细微差别,茶壶的基本形态就有200余种。冲泡茶饮可选择的茶壶大小要依饮茶人数多少而定。茶壶的质地种类繁多,以紫砂陶壶或瓷器茶壶较为常见。

2. 茶杯

茶杯是用来盛放茶汤的盛具,用茶壶将冲泡好的茶汤倒进茶杯,之后供人品尝。茶杯分大小两种:大杯可泡饮合用;小杯主要用于盛茶后品啜,亦称品茗杯,与闻香杯配合使用。

3. 茶盅

茶盅亦称公道杯,用于盛放和分斟茶汤,起均匀茶汤浓度的作用。

4. 茶碗

茶碗亦称茶道碗,作为泡茶器具或盛放茶汤供饮用的盛具。茶碗多以陶瓷制,因此直

茶壶　　茶杯

茶盅　　茶碗

接体现了我国陶瓷器工艺的技艺成就。

5. 盖碗

盖碗由盖、碗、托组成，作为泡饮合用器具，亦可单用。盖碗又称"三才碗""三才杯"，盖为天、托为地、碗为人，暗含天地人和之意。

6. 茶道组

茶道组是指进行茶道的一"组"器具，一般是木制或竹制，是茶艺中不可缺少的器具。茶道组包括茶筒、茶匙、茶针、茶夹、茶则、茶漏（斗）。另外，冲泡普洱茶的习惯是把撬茶的茶刀也放在茶筒中。

7. 茶荷

茶荷是我国民间泡茶用具，是盛放待泡干茶的器皿，形状多为有引口的半球形，用以观赏干茶外形，通常用竹、木、陶、瓷、锡等制成。

8. 茶巾

茶巾又称为"茶布"，用麻、棉等纤维制造，可擦拭滴落在桌面上的茶水，抹净茶具，吸干壶底或杯底。

盖碗　　　茶道组

茶荷　　　茶巾

茶洗　　　煮水器

储茶罐　　水盂

9. 茶洗

茶洗是用于洗茶的器具。茶洗形似大碗，碗深，配色种类繁多。工夫茶必备三个茶洗，一正二副：正洗用于浸泡茶杯；一个副洗用于浸冲罐，另一个副洗用于盛放洗杯的水和已泡过的茶叶。

10. 煮水器

泡茶的煮水器由烧水壶和热源两部分组成，在古代常用风炉，如今用电壶的较多，也有用煤气炉或电饮水机作为热源的。

11. 储茶罐

储茶罐是存放茶叶的容器，有锡制、铁制、陶瓷、玻璃、纸制等材质，种类繁多，样式丰富。

12. 水盂

水盂是盛放废水、茶渣等的器皿，别名"滓盂"。

二、沏茶工序

1. 备具

准备茶壶、茶杯、储茶罐、茶道组、煮水器、茶巾、水盂等冲泡器具，并在泡茶之前用开水烫壶。开水烫壶不仅可以去除茶壶异味，还有助于散发茶香。

2. 置茶

将茶叶装入茶荷内，此时可将茶荷递给品茶者鉴赏茶叶外观，后用茶匙将茶荷内的茶叶拨入茶壶中待泡。

3. 温杯

将烫壶的热水倒入茶杯内进行温杯，以备之后盛茶。

4. 冲水

将热水注入茶壶中，使茶叶在壶内上下翻滚散开，以便充分地泡出茶味，有助于茶叶内含物质析出。

5. 低泡

将泡好的茶汤慢慢倒入茶盅，此时茶壶壶嘴与茶盅之间的距离不要太远，以免茶汤内的香气挥发。

6. 奉茶

将茶盅内的茶分别倒入杯内，入杯至七成满为宜，右手轻持杯身，左手托住杯底，双手将茶送到方便客人拿取的位置。放好后，向客人伸出右手做"请"的手势，并说"请品茶"。

7. 闻香

品茶之前可以先观其色泽，闻其香味，进而品其口感。

8. 品茶

以拇指、食指握住品茗杯的杯沿，中指托底执杯。"品"字三口——一杯茶可分三口品尽尝味。

品茶是一种精神和艺术的享受，它让我们忘却一时烦扰，静下心来，感受一丝轻松愉悦，浅啜细品，苦涩与清香浮现出人生沉浮，故有人称"禅茶一味"。

三、饮茶的注意事项

1. 不饮过浓茶

浓茶中咖啡因会使人上瘾、中毒，"兴奋性"过度增高，对心血管系统、神经系统等造成不利影响。有心血管疾患的人在饮用浓茶后可能出现心跳过速、心律不齐等症状。

2. 睡前不饮茶

夜晚睡前不饮茶。睡前饮茶后，不易入睡，甚至严重影响次日的精神状态。有神经衰弱或失眠症的人，更应该注意饮茶时间。

3. 进餐不大量饮茶

进餐前或进餐中若大量饮茶或饮用过浓的茶，会影响很多微量元素如钙、铁、锌等的吸收。

4. 酒后不宜饮茶

酒后饮茶，茶中的茶碱可迅速对肾起利尿作用，从而促进尚未分解的乙醛过早地进入肾脏。乙醛对肾有较大刺激作用，所以会影响肾功能，经常酒后喝浓茶的人易发生肾病。不仅如此，酒中的乙醇对心血管的刺激性很大，而茶同样具有兴奋心脏的作用，两者合二为一，更增强了对心脏的刺激，所以心脏病患者酒后喝茶危害更大。

5. 发烧生病不宜饮茶

茶叶中含有茶碱，有升高体温的作用，发烧病人喝茶，无异于"火上浇油"，服药期间喝茶不利于药物作用与吸收，应多喝温水，痊愈后再饮茶。

▶ 任务实施

小组成员选取一种喜欢的茶叶，选择合适的沏茶工具，完成一次茶汤的冲泡，并分给小组成员一同品尝。

1）教学场地：茶艺实训室。
2）准备材料：茶壶、茶杯、茶盅、茶碗、盖碗、茶道组、茶荷、茶巾、茶洗、煮水器、储茶罐、水盂等。
3）操作步骤：3~5 名同学一个小组，自主设计、合作或轮流独立冲泡。

安全小提示：
1）进入茶艺实训室，应着装合理，请不要携带与教学无关的物品入内。
2）听从教师统一安排，按步骤操作，不准擅自操作处理。
3）不喧哗吵闹，不随意走动。注意高温热水及易碎物品。
4）操作时产生的垃圾要及时归类，以保证良好的操作环境。
5）操作完毕后，请及时整理操作台面，做好室内卫生，关闭电源，关好门窗。

① 选择茶叶。根据喜好选择本次任务冲泡的茶叶：绿茶、红茶、乌龙茶、白茶、黄茶、黑茶等。

② 选择器具　茶具品种繁多，形状、色彩多样。一般来说，冲泡茶叶时应注重茶的韵味，可选用有盖的壶、杯或盖碗。冲泡乌龙茶时宜用紫砂壶；冲泡龙井、碧螺春、毛峰等细嫩的茶，则可用玻璃杯或白色瓷杯；冲泡花茶，为了有利于香气的保持，可用茶壶泡茶，用瓷质茶杯饮用。

③ 选择泡茶用水　唐代陆羽所著的《茶经》就明确提出了水与茶的密切关系："山水上，江水中，井水下。"泡茶离不开水。水之于茶，有"水为茶之母"之说。软水（净化处理后的雨水、露水、雪水）是理想的泡茶用水，用这种水来泡茶，茶汤明亮澄澈，茶香馥郁

浓厚、滋味甘醇。但人们日常生活当中普遍使用硬水（河水、湖水、井水）沏茶，可适当做软化后冲沏。

④沏茶。

a. 绿茶可用玻璃杯、盖碗、茶壶进行冲泡，取 1~2 克茶叶以 80~85℃热水冲泡为宜。

b. 红茶可用清饮杯、清饮壶以 90℃的热水冲泡，每克茶叶注入 65 毫升左右的热水为宜，亦可加入牛奶、蜂蜜、白兰地等调饮。

c. 乌龙茶可用潮汕、福建、台湾工夫泡茶法，浸泡 1 分钟左右即可斟茶。

d. 白茶可用 100~200 毫升开水冲泡，一般水至容器的七八成满为宜。

e. 黄茶的冲泡方法与白茶有些相似，比较注重观赏性，取茶叶 3 克，先快后慢地将 75℃左右的水冲入茶杯，稍等片刻后品饮。

f. 黑茶建议用煮饮法。一般取茶叶 5~8 克，将沸水快速冲入，使茶叶随水流翻滚，以达到充分洗涤的目的，随后将洗茶水倒出，再倒入沸水，第一泡冲泡 10 秒即可，第二泡冲泡 15 秒，从第三泡起，每次冲泡 20 秒后品饮。

4）小组成员品尝，点评。

沏茶与品茶任务工作页

选茗品种	绿茶□　红茶□　乌龙茶□　白茶□　黄茶□　黑茶□
选择的冲泡器具	茶壶□　茶杯□　茶盅□　茶碗□　盖碗□　茶道组□　茶荷□　茶巾□ 茶洗□　煮水器□　储茶罐□　水盂□
茶艺背景音乐名称	
小组茶艺解说词	
需要改进的地方和不足	茶具的选择□　泡茶用水□　沏茶步骤□ 品饮茶汤□　茶具的清洁与收纳□　其他□
谈谈品茶感想	

任务评价

评价方式	评语及建议
自评	请展示并介绍自己冲泡的茶品，交流制作的经验和感受
组评	对被展示作品进行评价，指出作品的规范性、实用性、合理性及尚可改进的地方
师评	鼓励学生谈谈对中国茶文化的认识与见解

任务三 节日主题家庭环境布置

任务引入

我国传统节日内容丰富、形式多样，是中华民族悠久历史文化的一个组成部分。传统节日的形成过程，是一个民族或国家的历史文化长期积淀凝聚的过程。随着生活水平及审美水平的日益提高，人民群众越来越重视对居室环境的装饰和布置，通过自己动手劳动、参与设计、布置布局来使室内视觉效果得到美化，居家生活品质有所提升。

知识链接

运用居住空间设计知识，结合传统节日特点，在居家环境中加入新的点缀和布置，或动手制作画龙点睛的装饰品，或换一张墙纸，或购置几盆绿植，都可以让居室环境耳目一新。根据季节、节日的不同，再经过精心搭配和巧妙安排，就能营造出极好的室内气氛。各种节日提供了这样一个家居改造机会，为居室换上新装，营造温馨的居室氛围，让家人生活得更加惬意、舒适。

一、居住环境配色

居住空间中各个部分的色彩的关系复杂且微妙，墙壁、地板、家具、家电、灯具和各种装饰品，如植物、陈设品、窗帘等都有十分丰富的色彩可供选择。不同的色彩会给人不同的感觉。当准备装饰布置居室时，色彩搭配应以迎合居住者的感受为前提，而且好的空间配色可以让居室更加舒适、美观。

1. 根据空间的使用目的选择色彩

室内各空间的使用目的不同，其色彩搭配、气氛的形成等方面的要求也各不相同，如卧室要求安静且温馨，而客厅则最好能体现出居住者的审美与品位。

2. 根据空间的大小选择色彩

室内色彩可以根据不同空间的大小、形式进行设计和调整。如暖色调适合大空间，使人感觉温馨；而冷色调适合小空间，给人以视觉上的延伸感。

3. 注意室内空间色彩的黄金法则搭配比例

主色彩面积可达 60% 的比例，次要色彩占 30% 的比例，辅助色彩占 10% 的比例。例如，墙壁、天花板配色用 60% 的比例，家居床品、窗帘等占 30% 的比例，剩下 10% 的比例用小的饰品和艺术品进行整体空间色彩的点缀即可。

4. 注意色彩调和与对比

色彩调和与对比是构成色彩视觉美感的重要因素。色彩调和是相对的，对比是绝对的。通过色彩适当的对比，可以达到调和的目的，从而产生一种恰到好处的色彩美感。黑、白、灰、金、银这五种颜色属于中性色，容易和其他任何颜色搭配。但在实际的家庭装饰配色运用过程中，金色和银色过于张扬，黑、白、灰三种颜色更易与其他颜色搭配，因此成为较理想的搭配色彩。

二、配饰

1. 功能性配饰

配饰本身就带有较强的功能性。从实际生活居住角度考虑，完全用于观赏的配饰在居住空间中并不多见，空间环境中具有一定的实用性和组织引导空间功能的配饰被称为功能性配饰。例如，开关、水龙头、拉手和灯具等配饰种类繁多、样式丰富，并且本身具有一定的功能，它们对完善空间环境的作用是显而易见的。

2. 装饰性配饰

装饰性配饰的主要作用就是从外部形态上装饰和美化空间环境。其造型、肌理、色彩、艺术风格要与整体空间氛围协调统一。配饰物品本身及其摆放方式能够为空间的艺术效果锦上添花，比如工艺品、雕塑等配饰物品，通过自身造型、肌理、色彩和艺术风格上的对比与调和，能对整个空间环境起到美化和点缀的作用，使得空间整体风格统一、融合。

3. 便于营造氛围的配饰

（1）**绿植、花卉** 绿植和花卉是常见的便于购置、摆放且对环境具有积极影响的装饰品。争奇斗艳的盆栽、摆花、捧花、花束等能热热闹闹地烘托出空间内的喜庆氛围。利用家里的某一处小空间，布置一处花卉绿景，通过植物花卉色彩艳丽、枝繁叶茂的状态能够轻松地烘托出居室生机盎然的景象，营造出怡然自得的清新美景。

（2）**床品、沙发坐垫、桌布等布艺制品** 为家穿上节日的盛装，也可以在节日里专门改换一次居室的布艺软装，让整个家都充满节日的气息，例如，春节装饰应传统、热闹、喜庆，那么在布艺的色调上，当仁不让地选择红色作为节日盛装的主打色彩，亦可以在暖色调的布艺制品上配一些红色的点缀。

（3）**个性墙饰、挂饰** 在硬装、家具都不好变动的情况下，要想让单调的居室环境变得更加吸引眼球，在墙面装饰或空间挂饰上下点功夫是省力、有效的办法。但要注意，这些单品的选择应与家居主调相搭配。

（4）**照片墙** 照片墙是家中最温馨的角落之一。它时时提醒你珍惜美好生活，珍惜家人亲友之间不变的爱。照片墙还可以演变为手绘照片墙。另外，门、衣柜等也可以成为展示照片的"主题墙"。形式各样、用料丰富的各式主题照片墙正成为居室装饰中最能体现个性的地方。

（5）气球装饰　利用气球，通过多变的色彩组合、生动的造型设计来烘托欢乐气氛，可装饰点缀各种节日或者喜庆活动的场地。

三、空间布局改善要点

1）满足基本生活需求。合理的布局设计，是整个居住空间设计的核心。我们在规划改变布局方案时，应倾听家人或共同居住者的意见，将想法与实际相结合，运用科学的布局更改方式。

2）要考虑到安全性。即所有装饰物、家具、电器等的摆放及安装都不能威胁到人身安全，杜绝潜在的安全隐患，尤其是有老人和小孩的家庭，如何收纳电线、化学用品等危险物品是很重要的。

3）要做到比例适度，房间舒适、敞亮。"居室"是居住生活的地方，各种布置都要以此为出发点，方便家人进行各种活动，减轻疲劳感。

4）要有效利用室内空间，减少浪费。居室不论大小，都要有明确的活动路线和足够的活动空间。

5）要做到布局新颖美观，给人以心理、情感和视觉上的满足。环境美，不仅要按自己的审美观进行艺术设计，更主要的是要反应居室及居住者的需求及审美观，要在温湿度、照明、噪声等方面全方位地考虑。

6）在空间布局上，人们要把卧室作为家庭中心，合理安排起居的位置。各功能空间应有良好的空间尺度和视觉效果，功能明确。

7）颜色的调配要适合人体的生理机能。室内颜色要有主次，不宜过多，多则乱。只有色彩搭配和谐才能烘托出室内环境的氛围，增添艺术气息。

8）家具选择应注意活动需要。家具的选择与组合，取决于家庭群体活动的需要以及空间条件。选择适合环境风格的家具，对住宅的布局设计起着十分关键的作用。

任务实施

小组成员选取任意一个节日主题，并选择合适的绘图工具，完成一次家庭或教室的节日主题布置手绘效果图。

1）教学场地：室内设计实训室。
2）准备材料：计算机、针管笔、尺子、绘图纸、马克笔、铅笔、橡皮等。
3）操作步骤：3~5名同学一组，自主设计、合作或轮流独立绘制。

> **安全小提示：**
> 1）进入实训室，应着装合理，请不要携带与教学无关物品入内。
> 2）听从教师统一安排，按步骤操作，不准擅自操作。
> 3）不喧哗吵闹，不随意走动。
> 4）操作、绘图时产生的垃圾要及时归类处理，以保证良好的操作环境。
> 5）操作完毕后，请及时整理操作台面，做好室内卫生，关闭电源、关好门窗。

① 选定一个节日主题。根据喜好选择本次任务的节日主题，可在以下节日中选择：春节、元宵节、端午节、中秋节、重阳节、感恩节、母亲节、父亲节、儿童节。

② 选定效果图绘制方式。小组商定效果图绘制方式，使用计算机软件CAD、3D MAX绘制或以纸笔手工绘制效果图。

③ 制定方案。明确改造空间布局不合理之处及改造方案，确定增添的节日主题配饰，绘制效果图。

节日主题家庭环境布置工作页

节日主题选择	春节□ 元宵节□ 端午节□ 中秋节□ 重阳节□ 感恩节□ 母亲节□ 父亲节□ 儿童节□
商定效果图制图方式	纸笔手绘□ 计算机制图□
空间创意改造名称	

（续）

节日主题布置解说词	
需要改进的地方和不足	制图不规范□　创意点问题□　布局摆放问题□ 色彩搭配问题□　其他□
谈谈感想	

任务评价

评价方式	评语及建议
自评	请展示并介绍自己绘制的效果图，交流制作的灵感和感想
组评	对被展示作品进行评价，指出作品的规范性、实用性、合理性及尚可改进的地方
师评	鼓励学生对问题的解决提出不同的方案，引导学生从多角度评价，善于捕捉学生作品的亮点加以表扬

拓展任务

寒假期间，小猛一边上网课学习，一边享受着难得的与父母相伴的居家时光。为了使自己的居家生活学习更有意义，他还制定了一份"居家劳动清单"。

请借鉴小猛的"居家劳动清单"，并结合个人家庭实际情况，设计一份"居家劳动清单"。

	类型		周一	周二	周三	周四	周五	周六	周日
家务劳动	自我打理	家务项目	洗漱、化妆、头发打理、衣服搭配						
		自我监督（打"√"）							

045

（续）

	类型	周一	周二	周三	周四	周五	周六	周日
家务劳动	清洁卫生	家务项目	整理书桌	清洗衣物	整理衣柜	清理冰箱	擦玻璃	清洗床品	大扫除
		自我监督（打"√"）							
	工具使用	家务项目		针线使用					吸尘器使用
		自我监督（打"√"）							
	美食系列	家务项目	筹备一次家庭聚餐，做一桌可口饭菜					
		自我监督（打"√"）							

要求：

1）自"居家劳动清单"做好之日起，坚持7天连续打卡。

2）工具使用请在家长指导下完成，注意使用安全。

3）健康习惯成就生活品质，通过持之以恒的劳动，培养个人良好的劳动习惯，并在劳动中体悟艰辛，学会尊重劳动、感恩长辈。

1.谈一谈在坚持7日居家劳动的过程中，你的思想动态。

2.通过居家劳动，你总结出了哪些生活小技巧？

超级推荐

1.《我的插花日记》，作者秦莎，2014年3月江苏科学技术出版社出版，适合日常家居插花。

2.《爱就是在一起，吃好多好多顿饭》，作者曾焱冰，2014年10月中信出版社出版，适合餐桌布置。

3.《花艺大师到你家》，作者凌宗湧，2015年5月机械工业出版社出版，适合空间布置。

4.纪录片《茶，一片树叶的故事》，导演王冲霄。本纪录片寻访了云南、福建、四川的产茶地，记录下小小的一片嫩叶是如何历经风雨被采下来，经过复杂的工序和高超手艺焙制，成为清香四溢的佳品。

5.《茶道：从喝茶到懂茶（汉竹）》，作者王建荣，2016年1月江苏科学技术出版社出版。爱茶到懂茶，只是一本书的距离，600余幅清晰大图，教你看懂茶汤，买到好茶，泡出香茶，品出茶味，了解茶的点点滴滴。从绿茶、红茶、普洱茶到茶道、茶艺、茶史，品出你的格调生活。

6.《断舍离》，作者山下英子，2009年广西科学技术出版社出版，适合居家环境布置。

项目四　校园一日常规
Project Four

教学目标

知识目标：了解校园一日常规，掌握 9S 管理理念，清楚学校日常管理工作。

技能目标：掌握卫生清洁的要领，掌握教室、宿舍室内装饰的要求和注意事项。

素养目标：通过室内外的每日清理、室内装饰设计等日常的校园劳动，帮助学生树立正确的劳动审美观，增强学生之间的团结协作力，使学生在劳动创造中逐步形成和提高发现美、体验美、鉴赏美、创造美的意识和能力，从而提升学生的劳动能力和人文素养。

项目描述

劳动使人全面发展，劳动使人睿智，劳动使人体魄强健，劳动使人生活幸福。学校是同学们学习和生活的家园，爱校如同爱家一样，用劳动创造干净舒适的学习环境，用劳动点缀我们的学习起居之地。本项目设置教室劳动、宿舍劳动、校园劳动三个任务，通过校园一日常规劳动，使同学们热爱校园、感受劳动的不易，懂得保护环境、热爱生活。

教学场地：本项目三个任务在教学实施中建议分别在教室、宿舍和校园完成。

课时建议：6 课时。

任务一　教室劳动

任务引入

教室是同学们学习知识的一方圣地，而窗明几净、整齐有序、一尘不染的教室环境对于求学的学子来讲显得非常重要。干净利落的教室环境需要同学们的劳动和保持才能获得，因此，我们要做教室环境卫士，为拥有一个温馨舒适的学习环境而共同努力。

> 知识链接

教室劳动主要分为卫生的打扫保持与室内的装饰设计。卫生方面，区域不同具体的要求也不同，室内装饰设计也因同学们的喜好不同而各有千秋，但普遍是展现个性、展示优秀成果。

一、教室劳动项目

教室劳动根据室内摆放物品的不同，打扫清理卫生也有不同的项目。

1. 教室地面

室内地面清洁非常重要。根据班内人数安排分组，值日生在用扫帚进行基本的清扫之后，再用拖把拖地，将地面污渍清理干净，直至地面晾干之后方可进入。

2. 黑板

黑板是教师进行书写知识点的重要平台，课前值日生用黑板擦（或湿布）擦掉黑板上的字。与此同时，要注意将粉笔槽清理干净（根据实际情况，可一天清理一次）。

3. 桌椅

同学们的桌椅每天自行收拾整理。书桌抽屉里面书籍摆放整齐，或整齐统一摆放在桌面上，不可乱放其他物品。桌椅自行前后对齐，不可歪歪扭扭。

4. 多媒体设备

为适应现代化的教学需求，教室里面配备多媒体设备。为保证能够进行正常教学，值日生应根据屏幕的清洁程度进行清洁。可以使用柔软的纯棉无绒布作为液晶显示屏的清洁工具，清洁时将纯棉无绒布蘸清水后稍微拧干，再用其对显示屏上的灰尘轻轻进行擦拭（注意不能用力按压显示屏），擦拭时建议从屏幕的上方擦至下方，切忌胡乱擦拭（提示：不可用硬纸、小刀、带棱物品进行污渍清理）。若遇到顽固性污渍，可用专门清洗液来处理，还需注意不可将清洗液直接喷洒于屏幕上，以免渗透进保护膜。在用湿布清洁完后，用一块较干的湿布再清洁一次，防止产生水印，最后开窗自然风干即可。

5. 窗台及玻璃

教室窗台上不能随意摆放物品，值日生应每天用湿布擦拭干净。值日生可根据窗户的干净程度，使用玻璃清洗剂进行擦拭。

6. 教室装饰

教室后墙可以作为文化园地，同学们可以将自己的心愿或自己的生活照片贴在墙上，装饰成美丽的文艺园区；也可将班级所得荣誉贴于墙面，激励同学们不断进步；也可将教室顶部和周边装饰一番，显得教室内环境温馨、美观、不呆板。

二、教室劳动所需材料和工具

教室劳动的不同区域所使用的工具或材料是不一样的。

序号	劳动名称	所需材料或工具
1	教室地面	扫帚、拖把、清水、簸箕
2	黑板	黑板擦、清水
3	桌椅	湿布、抹布
4	多媒体设备	纯棉无绒布（干湿各一块）
5	窗台及玻璃	玻璃清洗剂、玻璃刮水器、干布
6	教室装饰	双面胶、卡纸、彩笔、剪刀

三、教室劳动标准要求

教室同家是一样的，温馨、舒适、干净的环境让人心生眷恋。那么如何才能达到这一标准呢？在实际的教室劳动中要注意以下几方面要求。

1. 地面干净整洁

教室室内地面在打扫过程中，要注意将地面以及椅角旮旯的碎屑用扫帚清扫干净。拖把蘸湿后从前往后依次将地面污渍清理干净。一般情况下，需要拖地两次，待地面晾干后再进入，以防脚印落地。

2. 黑板擦拭无印记

教室黑板要用黑板擦（或湿布）擦拭干净，擦拭后要注意是否留有印记；若留有印记，再次擦拭。湿水后注意用干布擦拭干净，以防教师上课写字不清晰。黑板对于老师教学而言至关重要，实际授课过程中，教师需将知识点写在黑板上来让同学们按照线路思索，这样才能达到实际授课效果。因此，黑板是否干净至关重要。

3. 教室内物品摆放整齐

教室内的物品包括同学们自己的书、桌椅以及一些学习辅助工具。为了保持室内卫生，同学们需要自行布置摆放整齐，前后左右都摆整齐。

4. 多媒体洁净无划痕

室内多媒体是教学辅助设施，同学们要加以爱惜并保护。日常擦拭时，要用纯棉无绒布进行擦拭。若显示屏上有顽固污渍，需用专门的清洗液进行清理。同学们使用计算机时应注意保持屏幕干净，勿用手随意摸屏。

5. 教室装饰温馨柔和

教室是同学们学习的小天地，在进行教室装饰时，要注意总体格调的柔和。既要彰显青春风格，又不能过于花哨夸张。同时，各专业都有自己的特色，可凸显专业特色，尤其要注意和校园文化 VIS① 设计相一致。

四、教室劳动注意事项

教室劳动是锻炼学生日常劳动极为重要的一项活动，学习环境的好坏会影响学习者的心情，这说明良好的外部生活环境是极为重要的。但是，在实际劳动过程中也需要注意很多细节问题。

1. 劳动安全

不论是什么样的劳动，都要注重安全性。同学们在室内劳动时，要注意卫生工具是否有断裂面以防刮伤。打扫卫生时，应注意观察是否有些地方存在安全隐患。例如，墙体、电源插座、室内悬挂物等，大家要避开这些区域，若发现问题，需及时找专人进行维修。

2. 卫生工具

卫生工具是否正确使用影响其使用寿命的长短，大家要爱惜公共卫生工具，使用后，要注意放到指定的位置，尤其是拖把要放在拖把池控干水分后再拿入室内。

3. 装饰品

教室内的装饰要注意温馨、柔和又不失特色。在实际装饰过程中，剪刀、钉子等尖锐物品大家要谨慎使用，以防发生意外状况。

▶ 任务实施

教师根据学校卫生管理规定，向同学们讲授什么是 9S 管理理念：一是整理（SEIRI），二是整顿（SEITON），三是清扫（SEISO），四是清洁（SEIKETSU），五是节约（SAVE），六是安全（SAFETY），七是服务（SERVICE），八是满意（SATISFACTION），九是素养（SHITSUKE）。同学们明白后，即可开始卫生清扫活动。

9S 是 5S 的深入拓展和升华。5S 是通过培养个体的自觉意识，来促进工作环境的美化。

---

① 学校视觉识别系统（VIS）是以学校标志、标准字体、标准色彩为核心展开的完整、系统的视觉传达体系，是将学校办学理念、文化特色、制度规范等抽象语意转换为具体符号的概念，塑造出独特的学校形象。此处的教室装饰要注重将专业特色和学校的文化特色以及办学理念等相融合。

9S 不仅包含了 5S 的全部内容,而且还通过增加 4 个 S 使得 5S 的核心思想得到了升华。9S 既讲究对个体素养的培养和提高,又强调团结协作。在此时,将其讲授给学生既是对 9S 管理的学习,又是对 9S 的拓展应用,更强调了同学们以后应注意劳动素养的养成。

1)教学场地:教室。

2)准备工具:扫帚、拖把、黑板擦、抹布、玻璃刮水器等。

3)操作步骤:根据日常值日生的安排,每组抽出 2 名同学,共 10 名同学组成本节课的劳动示范小组。

① 自由组合。这 10 名同学自由组合,相互协调合作。

② 任务分配。根据组合结果,这 10 名同学自行商量进行任务分配,以彰显同学们的合作能力。

③ 查找脏乱点。同学们根据室内现状,查找出脏乱之地。(这里的同学们既包括卫生清扫小组也包括其他同学,以进行考核打分。)

根据同学们的卫生清扫情况,教师和同学们根据学校卫生标准要求制定卫生清扫考核表,以用于同学们监督考核。

4)卫生打扫完毕之后,同学们对其进行考核打分。

5)根据师生之间的点评,卫生清扫小组进行完善和整改。

6)评选出最佳组合。

7)同学们根据此次劳动制作卫生卫士手抄报、制作短视频、设计宣传标语(选择其中任意一项完成即可)

教室劳动工作页

序号	劳动区域	得分项(干净 10 分,较好 8 分,较差 5 分)		
1	教室地面	① 干净 □	② 较好 □	③ 较差 □
2	黑板与讲台	① 干净 □	② 较好 □	③ 较差 □
3	多媒体设备	① 干净 □	② 较好 □	③ 较差 □
4	窗台与玻璃	① 干净 □	② 较好 □	③ 较差 □

任务评价

评价方式	评语及建议
自评	通过打扫卫生的过程,并结合老师讲的 9S 管理理念,谈一下你的感受

（续）

评价方式	评语及建议
组评	根据参与卫生小组的表现，同学们发表自己的看法，并对以后的卫生清扫和保持进行表态
师评	教师对同学们此次卫生清扫活动发表意见或建议，并鼓励同学们不仅要学会和掌握清扫卫生的技巧，更要学会保持教室整洁

任务二 宿舍劳动

任务引入

宿舍是学生在校生活的主要场所之一，是反映学生日常生活习惯的一面镜子，是学生的基本素养在生活中集中体现的场所，也是校园文化的窗口。因此，为了创建一个整洁、美观、和谐的寝室环境，教师需让学生具有自我教育、自我管理、自我服务的理念。这样，在日常宿舍劳动中才能真正发挥学生自我创设良好学习环境的强大作用。

知识链接

宿舍环境会影响学生的心情和学习状态，因为宿舍就是学生自己的小天地。不论是被褥的叠放、生活用品的摆放，还是床面的整洁程度，无不体现出学生们的基本生活素养。

一、宿舍劳动项目

宿舍生活是集体生活，宿舍劳动也是集体劳动。改善宿舍环境的过程，能够充分展示劳动教育在学生身心发展和人格成长中的重要作用。

1. 桌子

宿舍中的桌子是同学们学习和摆放日常用品的地方。值日生进行宿舍整理时，需要将水杯摆成一条直线，暖壶整齐地放于桌子底下。

2. 地面

宿舍地面如同脸面一样，每天需用扫帚清扫一遍后再用拖把将地面拖干净。为了尽快晾干地面，可打开窗户通风。

3. 门窗

清洁宿舍的门窗时，用湿布将其擦拭一下，将门窗的边边角角都擦干净。如果有难清理的污垢，可用清洁液进行清洁。

4. 床铺

地面是宿舍整体卫生状况的代表，而床铺是个人卫生状况的代表。床单要平整、无褶皱，边缘部分掖到垫子下面、勤换洗、保持整洁。床上不放其他杂物。枕头、枕巾要平整地放于离门远的一端。每日起床后将被子叠放整齐、无褶皱、有棱角，平整地将其放到离门远的那一端。

5. 日常生活用品

每个人的牙膏要放于牙杯内，牙杯要整齐地放在洗漱台上或盆内。盆要放在床底指定的支架上。鞋要放在宿舍的鞋架上，从床腿向中间按照拖鞋、运动鞋和皮鞋的顺序摆放，鞋跟朝外，摆放整齐。

6. 墙壁污渍

用砂纸打磨墙面，将墙壁上的球印、脚印、涂画等污渍一一打扫干净。用扫帚将蜘蛛网清理干净。墙壁保持清洁，不可在墙上乱涂乱画。不可在墙壁上乱钉、乱挂。

7. 装饰

创意的装饰、和谐的氛围，充满着文艺气息的宿舍，彰显出学生的热情和创新型思维。温馨的宿舍环境让人有一种家的感觉。

8. 行李箱和毛巾

毛巾对折统一放置于阳台栏杆上，按要求需保持毛巾的干燥和干净；行李箱放置于阳台栏杆下侧，按照由大至小的顺序放置，保持行李箱外观干净。

9. 洗手台

洗手台和镜面保持干净、整洁、无污渍，每天洗漱完毕后由值日生负责清洁。

二、宿舍劳动所需材料和工具

宿舍劳动需要一定的用具，同学们也要熟悉劳动工具的使用。

序号	劳动名称	所需材料或工具
1	地面	扫帚、拖把、清水、簸箕
2	门窗及玻璃	玻璃清洗剂、玻璃刮水器、湿布、干布

（续）

序号	劳动名称	所需材料或工具
3	桌子	抹布
4	墙壁	砂纸、扫帚、抹布
5	装饰	双面胶、卡纸、彩笔、剪刀

三、宿舍劳动标准

宿舍是学生在校生活的主要场所之一，整洁、美观、和谐的宿舍环境，能给同学们营造出一种积极向上的学习和生活氛围。因此，宿舍的环境卫生就必须要有一定的规范和标准。

1. 整体和谐

宿舍的整体打扫与布局要注重整齐、规范、干净，日常生活用品、衣物、行李箱等应按照规定统一摆放。

2. 宿舍地面清洁无污迹

宿舍地面需要保持干净、干燥、清洁，若有垃圾要及时扔到垃圾桶里。值日生打扫完卫生后，要及时将宿舍垃圾桶内的垃圾倒入公共垃圾桶中，宿舍内不留任何垃圾。扫帚、垃圾篓、簸箕、拖把等使用完后放入指定位置。同学们要注意保持整洁，养成保护环境、爱护环境的习惯。

3. 门、窗、墙壁干净无痕迹

门、窗、墙壁保持整洁、无污迹、无蜘蛛网，不得肆意乱涂、乱贴、乱挂、乱钉。

4. 床铺整齐

被子叠成方块形后放在床上，叠口朝向宿舍门方向。床单干净、整齐。床上若放衣物，也必须叠好并摆放整齐。

5. 桌子干净整齐

桌面只能放水杯，而且摆放要整齐。桌面保持干净整洁，抽屉内整齐摆放好书籍以及学习用品。桌子下面摆好暖壶。

6. 装饰简单大方

宿舍是学生们在校园中的家，宿舍装饰应遵循简单、大方、温馨的原则，还要注意装饰时各种材料的安全性。

四、注意事项

同学们要注意宿舍卫生的打扫与保持，在打扫的过程中要注意安全，熟练掌握各种工具的使用方法，还要懂得如何去团结协作，共同保持宿舍的环境卫生，共创属于大家的温馨的家。

1. 总体安全性

不论哪种劳动，安全隐患都是大家应首要考虑的。尤其是在擦窗户和清理墙壁污迹时，要注意玻璃清洁液的使用，防止溅入眼中。使用砂纸擦除墙壁印迹时，要防止砂纸擦伤皮肤。

2. 物品摆放整齐美观

被子的叠放、床单的铺整、洗漱用品的摆放、衣物的整理、鞋子的归置、行李箱的摆放都要遵循学校的规定。

3. 宿舍装饰简单美观

宿舍本就是同学们的安居小天地，因此在进行宿舍装饰时，所选取的材料和做成的饰品一定要注意安全。装饰不仅要美观，还要简单大方。

任务实施

每个宿舍根据日常宿舍值日表中的人员组合，任意选取两个小组参与此次宿舍整理清扫活动。

1）教学场地：学生宿舍。

2）工具：扫帚、拖把、抹布、砂纸、簸箕。

3）操作步骤：每个宿舍选取两组值日生参与此次劳动。

① 自由分配。根据平日大家的日常卫生清扫情况，两小组成员进行自由组合，协商如何进行任务分配。

② 注意宿舍脏乱之地。同学们注意宿舍的难点、污点，集中主要力量进行清除，并且也要打扫好宿舍的其他角落。

③ 正确使用卫生工具。劳动小组使用卫生工具时，要注意正确的使用方法，切勿浪费。还要注意清洗剂的使用安全，以防入眼入口。

4）卫生打扫完毕之后，同学们对其进行考核打分。

5）根据师生的点评，劳动小组进行完善和整改。

6）评选出最佳组合。

7）根据此次劳动过程以及结果，同学们制作卫生卫士手抄报或拍摄摄影作品——"我的宿舍随手拍"，传播正能量。

任务考核表

根据学校卫生标准制定考核任务表，让所有同学参与此次打分，对每个宿舍进行考核。

教室劳动任务考核表

序号	劳动区域	得分项（干净10分，较好8分，较差5分）		
1	地面	①干净 □	②较好 □	③较差 □
2	门窗及玻璃	①干净 □	②较好 □	③较差 □
3	桌子	①干净 □	②较好 □	③较差 □
4	墙壁	①干净 □	②较好 □	③较差 □

▶ 任务评价

评价方式	评语及建议
自评	针对打扫过程中遇到的问题，谈一下处理方法
组评	根据劳动小组的表现，同学们发表自己的看法，并对如何自我保持进行表态
师评	教师对同学们此次卫生清扫活动发表观点，并要求同学们真正爱自己的宿舍，学会卫生清扫，学会保持宿舍卫生

任务三 校园劳动

▶ 任务引入

优美的校容校貌和干净整洁的校园环境是一个学校整体文明形象的体现。做好校园卫生工作有利于真正落实国家倡导的素质教育，促进学生的全面发展，并且有利于让学生在劳动中学会尊重和理解他人的劳动，养成尊重劳动成果的良好品质。希望同学们通过自己的亲身劳动体悟劳动最光荣、劳动最幸福，并珍惜劳动果实。

▶ 知识链接

室外劳动和室内劳动一样重要，无论是教室、楼道，还是校园公共卫生区，都是校园卫生环境的重要组成部分。

一、校园劳动类型

室内劳动是为了营造教室的温馨,室外劳动是为了展现校园的干净整洁、优美文明。

1. 楼道卫生

(1)**地面** 楼道地面和教室地面的卫生要求是一致的,打扫时,先用扫帚将地面清扫干净,再用拖把将地面污迹擦干净,在确认安全的情况下,打开窗户晾干,整体上让人感觉清新、干净、舒适。

(2)**扶梯** 楼道当中的楼梯扶手是同学们每天上下楼梯经常触摸的,因此我们必须保持扶手的干净卫生。打扫时,可先用消毒水进行杀菌消毒,再用抹布将其擦干净,楼梯栏杆以及底座也应如此擦拭。

(3)**窗户、玻璃** 室外的窗户、玻璃需保持洁净,用抹布将灰尘擦干净,然后用玻璃清洗剂清洁污渍。窗缝内要清理干净,保证无杂物。

(4)**墙壁、墙角** 应注意清理墙壁上,尤其是瓷砖上的污渍,以及墙角的蜘蛛网。墙壁上的污渍用抹布或是砂纸擦干净,墙周围的蜘蛛网用扫帚扫净,以免滋生细菌。

2. 校园卫生区

各个二级学院进行校园卫生区划分,各个班级再进行网格划分,细化分布,明确区域和责任人。

20417 外环路			
西侧路面停车场(幼教专业)	20419(教学楼南侧路面)		20421 路面、停车场
	19410 二楼连廊体能器材室(含两侧小厅)	乐学楼	
		20411 路面、绿化带	
		励志楼	
路面 20422(含西绿化带)	路面 20407(含南北绿化带)		路面 20423(含东绿化带和小园西门口)
	交院机场 [负责:成航专业]		
	路面 20422(含南绿化带)	路面 20423(含南绿化带)	

(1)**地面** 校园地面的打扫要注意纸屑、地面污水、落叶等,用扫帚将地面垃圾扫净倒入室外垃圾桶里。若有污水,将其扫入下水道。

（2）花坛、草坪、树坑　花坛、草坪、绿树应是一幅美丽和谐的风景画，若其中垃圾遍布、杂草丛生，则会显得杂乱无章。同学们在清理时，应注意用夹子将其中的垃圾夹出，将杂草清理掉。

二、校园劳动所需工具

不同的区域，在卫生清理过程中所使用的工具是不一样的。

序号	劳动名称	所需材料或工具
1	地面	扫帚、拖把、清水、簸箕
2	窗户及玻璃	玻璃清洗剂、玻璃刮水器、湿布、干布
3	扶梯	消毒水、抹布
4	墙壁、墙角	砂纸、扫帚、抹布
5	花坛、草坪、树坑	铁夹、扫帚、簸箕

三、校园劳动相关标准要求

校园环境卫生需要大家共同营造和保持，必须强化清洁卫生管理，努力营造整洁、文明、温馨的校园环境，因此，在工作中需要制定一定的标准才能达到要求。

1. 走廊干净无印记

室外走廊地面要求干净，没有纸屑、瓜子壳、口香糖迹等，地面难处理的脏迹用铲子铲净。室外的墙砖、窗台、玻璃、门框等要用湿抹布擦拭干净。墙面无手印、足印等，墙角没有积土和蜘蛛网。室外走廊、文化长廊的展示画框无灰尘。

2. 楼梯无落尘

楼梯扶手保持洁净，无油渍、黏液物质。同时注意检查楼梯扶手是否松动，设施安全一定要引起重视。

3. 网格化卫生区利落大方

根据网格划分，同学们在卫生区位置各负其责。水泥地面用扫帚打扫干净，做到无纸屑、无瓜子壳、无烟头、无瓶罐、无枯叶、无痰渍等。运动场地干净，做到无泥沙、无纸屑、无瓜子壳、无烟头、无瓶罐、无枯叶、无痰渍等。花坛、花池、草坪内保持清洁，做到无纸屑、无瓜子壳、无烟头、无瓶罐等。

四、室外劳动注意事项

校园劳动不仅要认真贯彻学校的劳动制度，还需要关注一些注意事项。

1. 卫生工具正确使用

不论是室内工具还是室外工具，在使用的过程中都要爱惜，使用后放回指定的卫生工具存放处。

2. 总体安全性

劳动过程中，安全性是大家应首要考虑的因素。尤其是在擦窗户、清理墙壁污迹时，要注意玻璃清洗剂的使用，防止入眼入口。

3. 网格化卫生区无缝隙衔接

学校根据不同专业、不同年级进行校园卫生区的划分，同学们每天在进行卫生区清扫时，应注意与其他班级进行有效衔接，以防接触点成为脏乱差之地。同学们要有大局意识，共同清扫校园，共同营造属于我们大家的美丽园区。

任务实施

从日常的值日生表中每组选取两名成员，进行此次卫生打扫活动。

1）教学场地：室外。

2）工具：扫帚、拖把、抹布、砂纸、簸箕。

3）操作步骤：

① 自由分配。根据选取的人员，进行自由组合活动，然后根据协商进行任务分配。

② 查找脏乱点。在进行清理之前，一定要查找好卫生的死角，注意存在安全隐患的地方，及时上报，注意安全。

③ 正确使用卫生工具。劳动小组使用卫生工具时，要注意正确的使用方法，切勿过分耗材。还要注意清洗剂的使用，以防入眼。

④ 任务考核表。根据学校卫生打扫标准制定任务考核表，请所有同学参与此次打分，对卫生责任区进行考核。

4）卫生打扫完毕之后，同学们对其进行考核打分。

5）根据师生的点评，劳动小组进行完善和整改。

6）评选出最佳组合。

7）根据此次劳动过程以及结果，制作短视频进行美丽校园宣传。

校园劳动任务工作页

序号	劳动区域	得分项（干净10分，较好8分，较差5分）		
1	走廊地面	干净□	较好□	较差□
2	走廊窗台、玻璃	干净□	较好□	较差□
3	楼梯	干净□	较好□	较差□
4	卫生区——地面	干净□	较好□	较差□
5	卫生区——花坛	干净□	较好□	较差□

▶ 任务评价

评价方式	评语及建议
自评	针对打扫过程中遇到的问题，参与的同学谈一下自己的意见或建议
组评	根据劳动小组的表现，同学们发表自己的看法，并对以后的卫生清扫和保持进行表态
师评	教师对同学们此次卫生清扫活动发表观点，并告诉同学们不仅要学会卫生清扫，更要学会保持卫生

超级推荐

1.《平凡的世界》是我国作家路遥创作的一部百万字的小说。这是一部全景式展现我国当代城乡社会生活的长篇小说，全书共三部。书中这样写道："一个人精神是否充实，或者说活得有无意义，主要取决于他对劳动的态度。"这绝对是一条精辟的理论，在任何时候都不会过时的理论，只有劳动才可能使人在生活中强大。

2.电影《金鹿》，导演董克娜，该影片就是呼唤了一种朴素但又崇高的态度：社会分工不同，但人人平等；从事最平凡、最基础的劳动的人，需要受到关怀和尊重。

项目五 校园食堂劳动
Project Five

➡ 教学目标

知识目标：认识我国的饮食文化，了解餐厅服务的基础知识。

技能目标：掌握食堂售饭的基本要领；学习面点制作技能；了解餐厅服务内容和基本技能，并且能够进行现场实训操作。

素养目标：通过劳动锻炼和技能学习，培养学生的实践能力、服务意识和节约意识，提升学生的综合素质，树立劳动光荣的理念，帮助学生树立正确的择业观和就业观，同时培养学生文明用餐的良好习惯。

▶ 项目描述

本项目设置食堂售饭、面点制作和餐厅服务三个任务，通过参加校园餐厅劳动和服务，锻炼自己的动手能力、沟通能力和服务意识，进而帮助学生树立正确的劳动观和择业观。同时，在劳动实践中体会美好生活来之不易，增强感恩意识、劳动意识，用劳动创造美好生活。

教学场地：本项目三个任务在教学实施中建议分别在餐厅和酒店前厅实训室完成。

课时建议：6课时。

任务一 食堂售饭

▶ 任务引入

"民以食为天。"校园生活中的一日三餐均离不开校园食堂，食堂和同学们的生活息息相关，食堂文化由此成为校园文化的重要组成部分。三餐时间走进校园食堂，售饭窗口和厨房永远是最忙碌的地方。如果不去亲身经历和体验服务人员和厨师的工作，是无法真正体会到那种辛苦劳累的。劳动创造美好生活，请同学们经历一次食堂售饭体验，去充实自己的校园生活吧。

▶ 知识链接

食堂售饭是体验校园生活的一种常见方式。部分同学到餐厅售饭勤工助学,既能获得一定的劳动报酬,又能提高自己的沟通能力、动手实践能力,同时可以了解不同地域的饮食习惯和生活方式,以及培养节约意识。

一、认识菜系和烹饪方式

1. 我国的菜系

菜系,是指在一定区域内,由于气候、地形、历史、物产及饮食风俗的不同,经过漫长的历史演变而形成的一整套自成体系的烹饪技艺和风味,并被全国各地所承认的地方菜肴。

我国传统餐饮文化历史悠久,菜肴烹饪中有许多流派。其中,鲁菜、川菜、粤菜、苏菜、闽菜、浙菜、湘菜、徽菜被称为"八大菜系"。

一个菜系的形成与其悠久的历史和独到的烹饪特色是分不开的,同时也受到一个地区的自然地理、气候条件、资源特产、饮食习惯等的影响。有人用拟人化的手法描述其中的四大菜系为:

鲁菜:如同讲究礼义廉耻的士人。

川菜:就像内涵丰富充实、才艺满身的江湖侠客。

粤菜:宛若风流儒雅的公子。

苏菜:好比清秀素丽的江南美女。

2. 中国菜的烹饪方式

中国菜的烹饪方法复杂多变,烹饪过程中要根据食材的特性选择合适的烹饪方法。最常见的10种烹饪方法分别是拌、腌、卤、炒、烧、蒸、烤、煎、炸、煮。

炒

蒸

二、常见的食堂菜品分类

1. 热菜

"热菜"的概念是相对于"冷菜"或"凉菜"而言的。很多食材在未经高温烹煮前是不能食用的。热菜可追溯到人类开始使用火加工食材。

2. 凉菜

凉菜切配的主要原料多为熟食，其主要特点是：选料精细、口味干香、脆嫩、爽口，色泽艳丽、造型整齐美观且和谐悦目。在上菜顺序上，凉菜一般先上，起到开胃的作用。

3. 主食

主食是指餐桌上的主要食物，它们是人类日常饮食所需的蛋白质、淀粉、油脂、矿物质和维生素等营养物质的主要来源。由于主食是碳水化合物，特别是淀粉的主要摄入源，因此以淀粉为主要成分的稻米、小麦、玉米等谷物，以及土豆、甘薯等块茎类食物被不同地域的人当作主食。

4. 汤类

我国南北方菜肴中均有多种汤类：南方气候湿热，更喜清炖的汤；北方秋冬寒冷，更喜浓郁的汤。

5. 水果

水果气味清香、味道甘甜，含有多种营养，老少咸宜。

6. 点心

点心是糕点类的食品。相传在东晋时期，一位将军见到战士们日夜血战沙场，英勇杀敌、屡建战功，甚为感动，随即传令烘制民间喜爱的美味糕饼，派人送往前线，慰问将士，以表"点点心意"。从此，"点心"的叫法便传开了，并一直延用至今。

三、食堂售饭的基本要求和基本流程

1. 基本要求

1）首先要做好个人卫生清理，穿戴好干净的工作衣服，佩戴一次手套，工前、便后洗手消毒，使用干净的取餐工具。

2）注重个人形象和卫生，淡妆即可，语言举止文明大方。

3）注意个人安全，防止菜刀划伤、热菜烫伤等。

4）坚持环保理念，尽量少使用不可降解塑料袋、一次性餐具等。

5）坚持适量原则，减少餐饮浪费行为。

6）禁止销售变质、腐烂、不卫生的食品，防止食物中毒。

2. 基本流程

1）上岗前做好个人卫生和消毒工作。

2）根据师生选择的菜品，将销售的饭菜放在餐盘中，做到热菜和凉菜、汤类等分开，避免菜品串味。

3）根据菜品价格，提醒师生及时支付，热情解决他人需求。

4）将餐盘平稳递给师生，并提示不要浪费食物。

任务实施

选取学校餐厅的某一个售饭窗口，菜类、主食类、汤类、点心类等均可，体验餐厅售饭。

1）教学场地：校园餐厅。

2）任务准备：洗手消毒，清洁指甲，一次性口罩和手套、干净的工作衣帽。

3）操作步骤：2个同学一组，分别负责售饭打菜和支付提醒。

① 选好售饭窗口，建议以菜品销售为首选。

② 提醒师生排队打饭，将其所需的菜品分装到餐盘中。

③ 提示支付。

④ 将餐盘平稳地递送给师生。

4）小组根据自身表现，接受师生点评。

5）小组根据师生点评讨论，及时改正不良的行为和习惯。

6）最后根据娴熟程度和表现，评选"最美小帮厨"。

食堂售饭任务工作页

选择的售饭窗口	菜类□	主食类□	点心类□	汤类□
需要改进的地方和不足	沟通较少□　　操作不熟练□ 计算饭菜总价出现差错□　　递送饭菜有汤溢出餐盘□ 缺少微笑服务□　　容易急躁，没有耐心□			

任务评价

评价方式	评语及建议
自评	请针对自己参与食堂售饭的实训操作，谈谈自己的经验和感受

（续）

评价方式	评语及建议
组评	对组员在售饭过程中的表现进行评价，并提出建议
师评	引导学生深刻反思和体会本次售饭过程中的所思所想，从多角度评价学生的表现，并对其进行指导和鼓励

任务二　面点制作

▶ 任务引入

我国饮食文化可以从时代与技法、地域与经济、民族与宗教、食品与食具、消费与层次、民俗与功能等多种角度进行分类，展示出不同的文化品位，体现出不同的使用价值。

▶ 知识链接

说起面点的发展，明清至现今是面点发展的黄金时期。明清时期，随着农业、手工业的发展，大量专业面点店铺、兼卖面点的酒店酒楼、面点摊档的出现，使得面点品种越来越多；面条店、包子店、馄饨店、饺子店、烧饼店、糕点店、汤圆店等专业化的面点店铺散布在市井街巷各处，把面点饮食推向繁荣与兴盛。应时适令、经济实惠的面点产品不断推陈出新，竞争日趋激烈，促使各地面点名品迭出，色、香、味、形的特色越发突出。改革开放以来，中西融会贯通和饮食科技飞速发展，中式面点以及其他传统饮食种类均得到了空前的发展。

一、常见的中式面点

中式面点亦可称为"点心"或"面点"，它是以各种粮食、畜禽、鱼、虾、蛋、乳、蔬菜、果品等为主要原料，再配以多种调味品，经过加工而制成的色、香、味、形、质俱佳的各种营养食品，如糕、饼、包、饺、面、粉等，其制作工艺在我国饮食行业中通常被称为"白案"。日常生活中，中式面点的饮食功能呈现出多样化，既可作为主食，又可作为调剂口味的辅食。例如，有作为正餐的米面主食，有作为早餐的早点、茶点，有作为筵席配置的席点，有作为旅游和调剂饮食的糕点、小吃，以及作为喜庆或节日礼物的礼品点心等。

下面我们以中华传统节日为导引，认识一下具有传统特色的面点。

1. 春节——饺子

春节与清明节、端午节、中秋节并称为我国四大传统节日。春节，即农历新年，是一年之岁首。百节年为首，春节是中华民族最隆重的传统佳节。在我国北方，除夕之夜最重要的活动就是全家老小一起包饺子和吃年夜饭。

饺子历史悠久,是全国人民过年过节必不可少的美食之一。人们也常常把花生、枣和糖果包进饺子馅里,寓意健康长寿、生活甜美。饺子馅多种多样,搭配各种各样的蔬菜和肉类,不但荤素搭配,口味也可甜可咸。不论春夏秋冬,来一碗热腾腾的饺子,总会让人心情变得特别愉快。饺子还被包成各种各样的形状,有波波饺、元宝饺、月牙饺、钱包饺等,好看又好吃。

2. 元宵节——元宵、汤圆

正月是农历的元月,古人称其为"宵",而正月十五日又是一年中第一个月圆之夜,又称为小正月或者团圆节,是春节过后第一个重要节日。在这一天,人们吃元宵、赏花灯、舞龙、舞狮等。

在南方,人们在元宵节通常食用汤圆,汤圆的名称与"团圆"字音相近,取团圆之意,象征全家人团团圆圆、和睦幸福,人们也以此怀念离别的亲人,寄托了对未来生活的美好愿望。正月十五吃元宵或汤圆,是全国各地的共同风俗。汤圆起源于宋朝。当时,明州(现为浙江省宁波市)兴起吃一种新奇的食品,即用糯米粉做皮包裹黑芝麻、白糖,煮熟后吃起来香甜可口,饶有风味。因为这种糯米球煮在锅里又浮又沉,所以它最早叫"浮元子",后来又改称汤圆。

3. 清明节——青团

青团是江南人家在清明节吃的一道传统点心。据考证青团之称大约始于唐代,至今已有1000多年的历史。古时候,人们做青团主要用于祭祀。虽然青团流传千百年,但外形一直没有变化,只是现在它作为祭祀品的功能已日益淡化,而是成了一道时令很强的小吃。

青团的制作方法有很多种,大家可以尝试按照以下方法制作:首先将采摘的新鲜艾草清洗干净,放入锅中加水煮至易碎;然后捞出将其剁碎或者搅拌稀碎,用滤网或纱布滤出青汁,加入少许白糖调一下味道;接着将糯米粉和粘米粉放入容器中,倒入青汁搅拌,加入少量食用油,揉捏直至各种材料充分混合,并做成圆饼状;再取适量红豆沙放入圆饼中间,捏成团即可,最后冷水放入蒸笼,蒸15分钟左右即可。

4. 中秋节——月饼

每年农历八月十五日,是传统的中秋佳节。因为这时是一年秋季的中期,所以被称为中秋。

在中秋节这天，人们习惯吃月饼，不论广式月饼还是苏式月饼，在我国都有着悠久的历史。"八月十五月儿圆，中秋月饼香又甜"，这句名谚道出了中秋之夜吃月饼的习俗。

传统月饼按产地、销量和特色来分主要有四大派别：广式月饼、京式月饼、苏式月饼和潮式月饼。当前，月饼按地方制作方法不同分有：京式月饼、晋式月饼、广式月饼、滇式月饼、潮式月饼、苏式月饼、台式月饼、港式月饼、徽式月饼、衢式月饼、秦式月饼等；就口味而言，有甜味、咸味、咸甜味、麻辣味；从馅心讲，有桂花月饼、梅干月饼、五仁月饼、豆沙月饼、玫瑰月饼、莲蓉月饼、冰糖月饼、白果月饼、肉松月饼、黑芝麻月饼、火腿月饼、蛋黄月饼等；按饼皮分，则有浆皮月饼、混糖皮月饼、酥皮月饼、奶油皮月饼等；从造型上又有光面月饼与花边月饼之分。

二、常见的西式面点

西点行业在西方通常被称为烘焙业（Baking Industry），在欧美地区十分发达。现代西式面点的主要发源地是欧洲。西式面点，熟制的方法主要是烘焙（baked），以面、糖、油脂、鸡蛋和乳品为主要原料，辅以干鲜果品和调味品，经过调制、成形、成熟、装饰等工艺过程，制成品具有一定的色、香、味、形。

下面我们认识一下两种常见的西式面点。

1. 比萨

比萨（Pizza）是一种发源于意大利的食品，在全球颇受欢迎。比萨的通常做法是在发酵的圆面饼上铺上一层由鲜美番茄及各式香草混合的风味浓郁的比萨酱料，再撒上柔软的乳酪，放上海鲜、意式香肠、腌肉、火腿、五香肉粒、蘑菇、青椒、菠萝等馅料，最后放进烤炉在260℃下烘烤 5~7 分钟，一个美味的比萨就做好了。值得注意的是，比萨讲究出炉即食，千万不要等到搁置时间长了再品尝。比萨按大小一般分为三种尺寸：6 英寸（切成 4 块）、9 英寸（切成 6 块）、12 英寸（切成 8 块），按厚度分为厚、薄两种。

比萨之所以被人们喜欢，除了它本身美味可口以外，还配有其他小食点缀，例如西式浓汤、鸡翅、沙拉等。

2. 提拉米苏

提拉米苏（Tiramisu）作为意大利甜点的代表，是风靡各大咖啡厅、点心店及西餐厅的时髦甜点。这一甜点自 20 世纪 80 年代中期走红。它以马斯卡彭芝士作为主要材料，再以手指饼干取代传统甜点中常用的海绵蛋糕，并加入咖啡、可可粉等其他材料，口感香、滑、甜、腻，柔和中带有口感和质感的变化，而并不是一味地甜。它的配方中最具创新意义的是咖啡风味的起士蛋奶液，这一新口味亦为蛋糕、布丁等其他形式的冷热甜点所吸收使用。

在意大利文里，提拉米苏的意思是"把我带走"。据传，第二次世界大战时期，一名意大利士兵即将开赴战场，可是家里已经什么也没有了。爱他的妻子为了给他准备干粮，把家里所有能吃的饼干和面包全做进了一个糕点里，这个糕点就叫提拉米苏。每当这名士兵在战场上吃到提拉米苏时，他就会想起他的家，想起家中心爱的人。

三、中式经典面点的制作

中国面点小吃的原料、制法、品种日益丰富，出现了许多大众化风味小吃，如北方的饺子、面条、拉面、煎饼、元宵等，南方的烧卖、春卷、粽子、汤圆等。此外，各地依自身物产及民俗风情，又创造出许多具有地方特色的风味小吃。

任务实施

以中华传统节日为线索，寻找具有节日特色的中式面点，并尝试制作。

本次任务实施以清明节特色面点青团为例，让大家亲自尝试中式经典面点的制作。

1）教学场地：学校面点实训室。

2）准备材料：见下表。

青团用料表	
糯米粉	100 克
澄粉（生粉）	30 克
菠菜叶或艾草叶	50 克
红豆沙	120 克
熟猪油 / 食用油	10 克

3）操作步骤。

① 菠菜叶或艾草叶洗净，水烧开加入少许盐，放入菠菜叶或艾草叶氽烫变色捞出，放入冷开水中过凉，用料理机打成细泥（越细越好），留用汁水和面。

② 在面粉中加入汁水（温热时加入），并搅成半湿状（和面时少量多次地加入汁水），澄粉冲入开水搅成透明状，再将糯米粉与澄粉混合，趁热加入熟猪油或食用油揉捏均匀。

③ 将面团搓成长条，并分为 40 克左右一个的青团坯；红豆馅分为 20 克左右一个；把红豆馅包入事先准备好的青团坯中。

④ 将包好的青团底部刷少许的食用油，开水上锅，中大火蒸 10 分钟。

⑤ 保存时，将青团表面刷一层熟油用保鲜膜包裹起来。

4）注意事项：在制作青团时，如果没有料理机，也可以将氽烫好的绿叶切碎，用纱布包裹挤出汁水。

青团制作任务工作页

青团用料	糯米粉☐　　澄粉☐　　菠菜叶或艾草叶☐　　红豆沙☐ 熟猪油或食用油☐
制作材料补充	料理机☐　　细筛网☐　　保鲜膜☐　　厨房秤☐
需要改进的地方和不足	青团面团过黏或过干☐　　青团不成形☐　　其他☐

任务评价

评价方式	评语及建议
自评	请针对自己制作青团的过程，谈谈自己的经验和感受
组评	对组员在制作青团的过程中的表现进行评价，提出自己的建议
师评	引导学生通过制作青团的活动体会传统文化的魅力，感受中式面点的美味，从多角度评价学生的表现，并对其进行指导和鼓励

任务三　餐厅服务

任务引入

餐厅服务是餐厅工作人员为就餐客人提供餐饮产品的一系列行为的总和。优质的餐厅服务是做好餐厅管理的重要内容，对其加以控制和监督的目的是为宾客提供优质满意的服务，创造良好的经济效益。本节课的学习，主要针对校园内的餐厅服务，学生通过提供餐厅服务，达到锻炼自身沟通能力、随机应变能力和基本服务技能的目的。

知识链接

一、餐厅服务的基本内容

餐厅服务工作是一项复杂而重要的工作，工作内容包括接受顾客预约、迎客入厅和引宾入座、餐前服务、提供咨询服务、结算服务和热情送客服务，同时包括客人投诉处理服务等。本章介绍的校园餐厅服务主要涉及迎宾接待和咨询服务、餐桌铺台摆台、餐巾折花、座次安排以及客人投诉处理等易于实训操作的相关内容。

二、迎宾接待

在餐厅接待礼仪中，迎宾可以说是接待礼仪的精髓部分。迎宾由主动接触客人、引客入座两部分组成，两者相辅相成、相互呼应。迎宾服务需要职业道德意识作为其运行的基础，这种职业意识反映在程序中的具体规范就是礼貌服务、友好服务、超值服务等。

迎宾要求服务人员在仪态、礼貌用语方面有所规范，另外要求服务人员对迎位、引位、候位、入位中涉及的礼仪也要有所了解。餐厅留给宾客的第一印象往往也是从接待开始的。

作为迎宾人员，第一要具有较强的沟通协调能力，第二要有良好的服务意识，第三要反应灵敏，第四要端庄大方、举止文雅。

三、咨询服务

当客人在餐厅就餐时，可能会有不同的问题咨询服务员。这时，服务员应该微笑服务、耐心、主动、热情地帮助客人答疑解惑。比如，客人问餐厅一天的营业时间、用餐卡在哪里充值、餐厅的洗手间在什么地方等。

四、餐桌摆台

摆台是把各种餐具按要求摆放在餐桌上，它是餐厅配餐工作中的重要一项内容和一项技术，直接影响着服务质量和餐厅的形象。

中餐宴会摆台需根据宴会的性质、形式、主办单位的具体要求、参加宴会的人数以及面积等来制定方案。中餐宴会多采用圆台，其台形设计按厅堂的大小和自然条件来布置，一般有圆形、正方形等，总的要求是左右对称，出入方便。确定台型后，要按就餐人数安排座椅。

主人的座位应正对厅堂入口处，其视线应能纵览全厅。

1. 中餐圆台铺台常用方法

（1）**推拉式铺台** 即用双手将台布打开后放至餐台上，将台布贴着餐台平行推出去再拉回来。这种铺法多用于零餐餐厅或较小的餐厅；或因有客人就座于餐台旁等候用餐时；或在地方窄小的情况下，应选用这种推拉式的方法进行铺台。

（2）**抖铺式铺台** 即用双手将台布打开，平行打折后将台布提拿在双手中，身体呈正位站立式，利用双腕的力量，将台布向前一次性抖开并平铺于餐台上。这种铺台方法适合于较宽敞的餐厅或在周围没有客人就座的情况下进行。

（3）**撒网式铺台** 即用双手将台布打开，平行打折，呈右脚在前、左脚在后的站立姿势，双手将打开的台布提拿起来至胸前，双臂与肩平行，上身向左转体，下肢不动并在右臂与身体回转时，台布斜着向前撒出去，将台布抛至前方时，上身转体回位并恢复至正位站立，这时台布应平铺于餐台上。抛撒时，动作应自然潇洒。这种铺台方法多用于宽大场地或技术比赛中。

2. 中式摆台

（1）**台布** 可采用推拉式、抖铺式或撒网式铺设，一次完成；台布定位准确，十字居中，凸缝朝向主人位，下垂均等，台面平整。

（2）**桌裙或装饰布** 桌裙长短合适，围折平整或装饰布平整，四角下垂均等（装饰布平铺在台布下面）。

（3）**餐椅定位** 从主宾位开始拉椅定位，座位中心与餐碟中心对齐，餐椅之间距离均等，餐椅座面边缘距台布下垂部分1.5厘米。

（4）**餐碟定位** 一次性定位，碟间距离均等，餐碟标志对正，相对餐碟与餐桌中心点三点一线；距桌沿约1.5厘米；拿碟手法正确（手拿餐碟边缘部分）、卫生。

（5）**味碟、汤碗、汤勺** 味碟位于餐碟正上方，相距1厘米；汤碗摆放在味碟左侧1厘米处，与味碟在一条直线上，汤勺放置于汤碗中，勺把朝左，与餐碟平行。

（6）**筷架、筷子、长柄勺、牙签** 筷架摆在餐碟右边，与味碟在一条直线上；筷子、长柄勺摆放在筷架上，长柄勺距餐碟3厘米，筷尾距餐桌沿1.5厘米；筷套正面朝上；牙签位于长柄勺和筷子之间，牙签套正面朝上，底部与长柄勺齐平。

（7）**葡萄酒杯、白酒杯、水杯** 葡萄酒杯在味碟正上方2厘米，白酒杯摆在葡萄酒杯的右侧，水杯位于葡萄酒杯左侧，杯肚间隔1厘米，三杯成斜直线，向右与水平线呈30度角。如果折的是杯花，水杯待餐

巾花折好后一起摆上桌；摆杯手法正确（手拿杯柄或中下部）、卫生。

（8）**餐巾折花** 花型突出主位，整体协调；折叠手法正确、卫生、一次成形、花型逼真、美观大方。

（9）**公用餐具** 公用餐具摆放在正副主人位的正上方。按先筷后勺顺序将筷、勺放在公用筷架上（设两套）。公用筷架与正副主人位水杯间距1厘米，筷子末端及勺柄向右。

（10）**花瓶（花篮或其他装饰物）、菜单和台卡** 花瓶（花篮或其他装饰物）摆放在台面正中，朝向主人位；菜单摆放在筷子架右侧，位置一致（两个菜单则分别摆放在正副主人的筷子架右侧）；台卡摆放在花瓶（花篮或其他装饰物）正前方、面对副主人位。

（11）**托盘** 用左手胸前托法将托盘托起，托盘位置高于腰部。

五、餐巾折花

餐桌上的餐巾花，用攥、搓、折、翻等方法来进行餐巾的美化创造，根据特定用途将餐巾折叠成不同样子的花朵，美观而大方，尽显礼仪，给人留下良好的印象，以小创意增添大情趣。

餐巾折花的方法有很多种，有的简单，有的困难。

1. 餐巾折花常见形态

餐巾折花常见形态有风筝、蝴蝶、王冠、心花、雪橇、鱿鱼、令箭荷花、玫瑰花蕊、鸟、单瓣荷花等。

2. 餐巾折花常用方法

餐巾折花常用方法有攥、搓、折、翻。

3. 餐巾折花操作流程

1）选择合适的餐巾。

2）选择合适的花样。

3）按正确的方法进行折叠。

4）整理成形，放入杯中或盘中。

5）按餐巾花摆放要求摆放到合适餐位。

4. 举例：玫瑰花餐巾折叠方法

1）工具：红色餐巾。

2）步骤。

第一步，拿一块餐巾，平铺在桌子上。

第二步，把对着自己身边的一角对折到最顶部，呈三角形。

第三步，把长的一边往短的一边卷边，一直卷到顶部还剩余一个手掌那么宽。

第四步，旋转一下角度，再次把长的一边往上卷。

第五步，卷成一个锥形，把多余的一个边角折叠进去。
第六步，立起来，把中间分开，尽量使分开的两个部分左右一致。
第七步，倒过来，用手压一压成形，并放在餐盘上。

六、座次安排

餐桌礼仪中，无论座位的安排还是菜品的摆放，都是有规矩的。座次礼仪是指在各种宴会的座次安排中需要遵循的一系列礼仪规范。

排序原则：以远为上，面门为上，以右为上，以中为上，观景为上，靠墙为上。

座次分布：面门居中位置为主位；主左、宾右分两侧而坐；或主宾双方交错而坐；越近首席，位次越高；同等距离，右高左低。

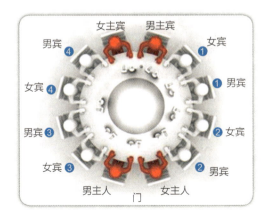 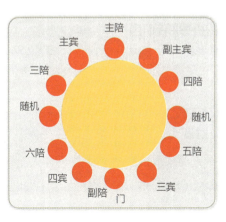

七、客人投诉处理

客人如果对餐厅提供产品的质量或服务感到不满意,可能就会提出书面或口头上的异议、抗议、索赔和要求解决问题等行为。要成功地处理餐厅投诉,先要找到最合适的方式进行交流。

服务人员要明白,投诉实际上是一种发泄,客人把自己的怨气、不满发泄出来,自身不快的心情便可得到缓解,从而维持了心理平衡。此时,客人最希望得到的是尊重和重视,因此服务人员应立即向其表示道歉,并采取相应的弥补措施。

一般情况下,客户投诉处理流程包括以下几个步骤。

1. 做好接受投诉客人的心理准备

1)树立"客人永远是对的"的信念。
2)要掌握投诉客人的心态。

2. 设法使客人消气

1)先让客人把话讲完,切勿乱解释或随便打断客人的陈述。
2)客人讲话时(或大声吵嚷时),要表现出足够的耐心,决不能随客人情绪的波动而波动,不得失态。即使遇到一些故意挑剔、无理取闹者,也不应与之大声争辩或仗理欺人,而要耐心听取意见,以柔克刚,使事态不致扩大或影响他人(引导宾客理解酒店服务好的方面,不要任由宾客贬低饭店的服务质量)。
3)讲话时要注意语音、语调、语气及音量的大小。
4)接待投诉时,要慎用"微笑",否则会使客人产生"你在幸灾乐祸"的错觉。

3. 认真倾听客人投诉,并注意做好记录

记录好客人投诉的部门、投诉时间、投诉方式、联系电话,尤其要详细记录投诉的内容。

4. 对客人表示同情并道歉

例如,客人对你说:"你们的服务简直糟透了。"这种否定一切的说法,显然是不客观、不恰当的。根据接待礼仪要求,正确的做法是先适当地满足一下客人:"真抱歉,我们的服务工作是有做得不够好的地方。"等客人的态度变得较为缓和的时候,再向他提出问题:"为了进一步改进我们的工作,希望您多指教。您能不能告诉我,您刚才遇到了什么问题?"客人发泄不满时要表现出宽容,不要计较他的气话,在适当的时候说:"是的,是这样,关于这件事,您能否说得再具体一点?""现在我们有两种办法来解决这个问题,您看用哪一种办法好?"

5. 对客人反映的问题立即着手解决

1)把要采取的解决方案告诉客人。客人投诉的最终目的是解决问题,在解决客人投诉的问题时,应有多种解决方案。(处理问题前应有多种准备,划清多条心理底线,预估宾客能

够接受的条件。）

2）征求客人的意见。请客人自己选择解决问题的方案或补救措施，以示对他们的尊重。一般人的心理是最相信自己的选择。

3）切忌一味地向客人道歉、请求原谅而对客人投诉的具体内容置之不理，也不可在客人面前流露出因权力有限而无能为力的态度。

4）把解决问题的时限告诉客人，应充分估计处理该问题所需的时间。

5）要明确地告诉客人，绝不能含糊其辞、模棱两可，从而再次引起客人的不满，为解决问题增加难度。

6）立即行动，应立即着手调查，弄清事实，找出根源。

7）将解决问题的进展情况随时通知客人。

6. 对投诉的处理结果予以关注

及时进行回访，以了解客人的满意度，同时将宾客意见通知有关部门并输入宾客档案，以便客人下次进店时提供有针对性的服务，避免客人再次投诉。

八、注意事项

1. 注意仪表举止

按规定着装，面容整洁，女生淡妆上岗；精神饱满，面带微笑，站姿规范；动作大方，美观得体；头发梳理整洁，发型符合酒店要求；手、指甲干净，并要消毒。

2. 微笑服务

服务时应发自内心地微笑。表里如一，毫不做作的、真诚的微笑才有感染力，才能被视作"参与社交的通行证"。

微笑的要求：眼角要笑，嘴角要笑，同时露出 6~8 颗牙齿。

▶ 任务实施

选取餐巾折花的一种杯花或盘花样式，完成一件折花作品，并为自己的作品起一个名字。

1）教学场地：酒店管理实训室。

2）准备材料：杯子、盘子和方形餐巾。

3）操作步骤：3~5 名同学一个小组，自主设计、合作创作出自己的杯花或盘花作品。

① 选择合适的餐巾。

② 选择合适的花样。

③ 按正确的操作方法进行折叠。

④ 整理成形，放入杯中或盘中。
⑤ 按餐巾花摆放法要求摆放到合适餐位。

4）小组自荐作品，并接受师生的鉴赏、点评。
5）小组根据师生的点评讨论，进一步调整和完善杯花、盘花造型。
6）评选"最美折花"。

餐巾折花任务工作页

折花放置位置	杯子□	盘子□
需要改进的地方和不足	餐巾折花不结实□ 折花使用位置不当□	折花效果不形象□ 餐巾和折花效果不搭配□
作品名字		

任务评价

评价方式	评语及建议
自评	请展示并介绍自己制作的折花作品，交流制作的经验和感受
组评	对被展示作品进行评价，指出作品的合理性、新颖性以及尚可改进的地方
师评	根据学生的展示作品，从多个角度评价学生的表现，并对其进行细节指导，鼓励学生多学习、多练习，提高学生的动手能力

拓展任务

小亮是2020级秋季新生，怀着对这个城市和校园美景的向往来到这个学校。周六一早吃完饭，小亮闲来无事想在校园和市区逛一逛。此时你正好在校园餐厅的前台接待处，小亮特意向你咨询学校的基本情况，快去给小亮介绍一下美丽的城市和校园吧！

要求：
1）礼貌服务，微笑待客，主动热情。
2）能够翔实地介绍城市和校园的优美风光，并且能介绍清楚交通、美食、购物等小亮想了解的地方。

3）通过本次任务提高自身的表达能力和服务意识，提升沟通能力和问题解决能力。

1. 谈谈自己在餐厅服务中，都有哪些收获。
2. 根据自己在餐厅咨询服务中的表现，分析自己的优势、劣势和不足。

超级推荐

1.《餐厅服务员杯花折叠实景图解》，作者刘玉双，2015年5月中国劳动社会保障出版社出版。该书介绍了详细的折叠步骤和折花图解，助您依图折花。

2.《中国饮食文化》，作者菩提子，2019年3月时事出版社出版。该书普及了中国饮食文化：吃的不只是美食，更是乡愁；品的不只是滋味，更是文化。

项目六　校园社团劳动
Project Six

➡️ 教学目标

知识目标： 了解学校运动会、读书会和安全演练的相关知识。

技能目标： 掌握学校运动会各项目动作要领与方法，培养美文鉴赏力，认识安全演练的重要性。

素养目标： 通过参与学校运动会、读书会和安全演练等校园社团劳动，培养学生的劳动意识、审美观念，增强团队协作意识，促进身心全面健康发展，提高教育效能。

🚩 项目描述

本项目设置学校运动会、读书会和安全演练三个任务，通过校园社团劳动，培养学生正确的劳动观、审美观，增强安全意识，使学生得到全面健康发展，提高教育效能。

教学场地： 本项目三个任务在实施中建议分别在田径场、演播室和教学楼、宿舍楼等场地完成。

课时建议： 6课时。

任务一　学校运动会

🚩 任务引入

学校运动会有多方面的教育意义，可以全面检验学校田径运动开展情况，检查教学和训练成果，推动学校群众性体育活动的开展，促进运动水平的提高。同时还可以激励学生奋发向上、遵守纪律，培养集体主义和荣誉感，并具有振奋师生精神、活跃校园生活等作用。劳动教育与体育教育相结合主要体现在劳动体能的塑造和劳动兴趣的培养上。通过举办运动会，可督促学生强健体魄，树立正确的劳动观念，形成良好的劳动品质。

知识链接

学校体育是实现立德树人根本任务、提升学生综合素质的基础性工程,是加快推进教育现代化、建设教育强国和体育强国的重要工作,对于弘扬社会主义核心价值观,培养学生爱国主义、集体主义、社会主义精神和奋发向上、顽强拼搏的意志品质,实现以体育智、以体育心具有独特功能。

——2020年10月,中共中央办公厅、国务院办公厅《关于全面加强和改进新时代学校体育工作的意见》

一、学校运动会的类型

我国的学校运动会,始于1890年前后上海圣约翰书院主办的以田径项目比赛为主的运动会。中华人民共和国成立后,学校运动会在城市和乡村各级各类学校中普遍开展,日益成为学校的传统活动和学校教育生活中的一项重要内容。学校运动会,主要指每年春秋两季的田径运动会。除此以外,还有趣味运动会和与"劳动"主题相关的运动会等。

1. 田径运动会

田径运动是体育运动的重要项目之一,是伴随人类长期社会实践发展起来的。田径运动,是田赛和径赛的合称,是一种结合速度与能力、力量与技巧的综合性体育运动。田赛是指以高度或远度计算成绩的项目,主要在跑道内部进行,有立定跳远、投掷实心球、投掷垒球、4×100米接力、4×200米接力、跳高、跳远等项目;径赛是指以时间计算成绩的项目,主要在跑道上完成,分为短跑、中长跑、长跑等项目。

田径运动是各项运动的基础。通过举办学校田径运动会,能全面提升学生的身体素质(速度、力量、耐力等),提高运动技术水平与运动成绩,培养学生勇敢、顽强、坚韧、果断的意志品质。

2. 趣味运动会

趣味运动会,是指把几个或多个趣味游戏组合到一起进行的运动会。传统的运动项目大多以竞技为目的,对参与者的体能与技巧要求较高,需要长时间的训练才能掌握一定的技巧,因此只适合少数专业从事体育的运动员,而趣味运动项目则是适合大多数人参加的。趣味运动会的项目有"三人四足赛跑""运彩球""弹跳投水球"等趣味运动。

趣味运动会器材设置新颖,能给参与者的感觉、视觉及听觉带来享受。同时,与传统运动会相比,因为趣味运动会以趣味为中心,把参与者对运动的快乐体验作为首要的理念,在充分考虑到参与者的业余水平的基础之上设计而成,所以可以吸引更多没有体育基础的参与者参与,从而脱离了传统运动会只能"多人观看,少人参与"的不足之处。而且趣味运动项目对体能的要求不高、比赛规则简单、比赛安全性高,并且对场地、运动员和裁判的水平要求都不高,因此参赛面比较广。

3. "劳动"主题的运动会

"劳动"主题的运动会是指打破传统的竞技模式,将"劳动技能"融入进去的一种体育活动形式。将生产生活的劳动场景搬进校园,让师生在快乐中强健体魄,从而培养他们"以辛勤劳动为荣"的价值观,如"垃圾分类"运动会、"丰收"运动会等。

劳动是体育产生的重要源泉。在原始社会,人类主要依靠跑、跳、投掷、攀爬等身体活动来获取必需的能源以求得生存,在社会的变迁过程中逐渐趋向独立与完善,进而形成现代众多体育运动项目。同时,劳动是体育发展的重要动力。随着社会生产力的发展,生产工具不断更新,逐渐产生了以提高体能、技能为目的的专门性活动,成为原始体育的萌芽,伴随着社会文明的进步,逐渐走向科学化道路。

"劳动"主题的运动会,是通过运动会的形式开展的形式多样的劳动游戏,让学生对劳动有感性、直观的认识,从而提高全体学生的劳动意识、强健学生的体魄。

二、学校运动会组织的原则

学校运动会是教育者运用体育运动会形式对学生进行全面教育的活动过程。它是校内运动竞赛常见的、重要的组织形式，是学校教育工作的一个重要组成部分。其本质是为了推动学校体育活动的开展，丰富师生的文化生活，对全体学生进行以培养体育意识与实践能力，提高体育素养为中心的全面素质教育。

1. 坚持健身性原则，注重身心健康发展的统一

坚持健身性原则，注重身心健康发展的统一，是指学校体育必须积极鼓励和动员全体学生积极参加体育锻炼，增强体质，磨炼意志。同时，还要培养青少年终身锻炼的良好习惯，以体育智、以体育心，促进他们的身心健康、协调地发展。

学校运动会以促进学生身体、心理和社会适应能力整体健康水平的提高为目标，帮助学生在体育锻炼中享受乐趣、增强体质、健全人格、锤炼意志，培养德智体美劳全面发展的社会主义建设者和接班人。

2. 坚持延伸性原则，注重职业教育体育课程与职业技能的统一

体育教学的延伸性原则是指学校运动会作为检验体育教学成效的重要载体，坚持职业教育体育课程与职业技能培养相结合的原则。学校运动会应始终贯彻党的教育方针，树立"健康第一"的指导思想，推动全民健身，增强广大师生的身心健康。学校运动会项目设计应与职业体育课堂教学紧密结合，学校运动会所设的技术难度较大的项目，在教学中可集中进行练习，如100米、跳远、跳高等项目。

与此同时，职业教育体育课程应与职业技能培养相结合，培养身心健康的技能型人才。突出职业特色，培养学生的职业体能胜任力。同时，实施针对学生职业技能的课程，开发相应的学校运动会比赛项目，来提升学生的职业能力及健身意识，最终增强学生的职业荣誉感，促进学生职业体能、职业技能、终身锻炼意识的提升。

3. 坚持创新性原则，注重运动会形式创新与劳动教育的统一

活动形式的创新性原则是指校园体育运动会要坚持单项竞技运动与趣味运动的结合，注重运动会活动形式创新与劳动教育统一的原则，弘扬劳动光荣、创造伟大的主旋律，培养科学精神，提高创造性劳动能力。例如，可以设立"体育节"作为体育运动会的重要补充。体育节涉及体育发展史与体育文化以及特色体育竞赛项目，主要内容包括专项竞赛、民族传统体育、体育知识竞赛与讲座、体育文化传播等。

立足时代需求，更新教育理念，使学校体育同教育事业的改革发展要求相适应，同构建德智体美劳全面培养的教育体系相匹配。定期举办学校运动会或体育节，使学生在掌握跑、跳、投等基本运动技能，以及足球、篮球、排球、田径、游泳、体操、武术、冰雪运动等专项运动技能的同时，以劳强体、以劳美育、以劳创新。

三、学校运动会组织的要求

学校运动会的组织要与新时期学校体育工作的目标任务相结合。学校体育要以新时代中国特色社会主义思想为指导，全面贯彻党的教育方针，坚持社会主义办学方向，以立德树人为根本，以社会主义核心价值观为引领，以服务学生全面发展、增强综合素质为目标。

1. 考虑参与比赛学生的全体性，培养学生的劳动观念

学校运动会强调田径运动的参与精神，进而拓展田径运动的项目，把全体学生的积极性调动起来，把更多集体参与的项目推广开来，发挥学生的主动性，让每一个学生都能参与其中。

比赛项目可以分为集体项目与个人项目。集体项目以班为单位，要求人人参赛，个人项目根据各年级学生的生理、心理及素质特点分类设置，使每一名学生都能找到适合自己的项目。从赛前筹备、开幕式到正式比赛，为学生提供"全程服务"，如赛前技术指导、开幕式道具制作、赛场临场指挥等。在参与学校运动会组织的全过程中，让学生动手实践、接受锻炼、磨炼意志。

学生会伴随着运动产生各种情感体验，产生对体育的爱好与需求。同时，学生亲历比赛过程，会珍惜劳动成果，树立正确的劳动价值观，养成良好的劳动品质，崇尚劳动，尊重劳动。

2. 加强体育文化的传播，发挥体育的育人功能并传承传统的体育文化

体育文化是整个人类文化的重要组成部分，校园体育文化是校园中所呈现的一种特定的文化氛围。阳光健康、拼搏向上的校园体育文化，可以培养学生的爱国主义、集体主义、社会主义精神，增强文化自信，促进学生知行合一、刚健有为、自强不息。

推广中华传统体育项目，认真梳理武术、摔跤、棋类、射艺、龙舟、毽球、五禽操、舞龙舞狮、八段锦等中华传统体育项目，因地制宜地开展传统体育教学、训练、竞赛活动，并融入学校的体育教学、训练、竞赛机制，形成中华传统体育项目竞赛体系；深入开展"传承的力量——学校体育艺术教育弘扬中华优秀传统文化成果展示活动"，加强宣传推广，让中华传统体育在校园绽放光彩。

3. 安排比赛项目要从实际出发，并且时间安排要合理

学校应因地制宜地开展形式多样的体育活动。举行运动会时，分组要从实际出发，尽量考虑学生年龄和身体发育情况的差异，最好按年级分组进行比赛。比赛规则也要灵活贯通，适当降低比赛规则的要求，既要符合学生实际，又要调动学生参加比赛的积极性。

比赛时间安排要合理。时间的选择会直接影响参赛的人数、比赛气氛和观众的热情。一般情况下，学校每年都要至少举行一次运动会，多数学校将运动会安排在第二学期进行，这样不仅气候适宜，而且因为基本安排在5月前后举行，可以进行赛前练兵或向全校师生展现运动员的最佳竞技状态。学校运动会的时间跨度一般以一天到一天半为宜，不要令学生过度疲劳。

四、组织学校运动会注意事项

为确保学校运动会顺利进行,保障运动会期间的安全,应注意以下事项。

1. 比赛前的准备

1)运动会的筹备工作。学校举办田径运动会,应在分管体育工作校长的领导下成立领导小组,负责组织运动会的筹备工作。领导小组由校长办公室、教务处、总务处、体育组、共青团等部门的负责人组成,讨论决定运动会的组织方案、竞赛规程、组织机构等。

2)确定比赛项目。在项目设置上,把《体育教学大纲》和《国家体育锻炼标准》规定的项目作为主要的比赛项目,另外还可设置一些集体项目和表演项目。

3)运动会秩序册的编排步骤。运动会秩序册是举办运动会的关键。科学、合理的比赛秩序,能保证运动会顺利进行,有利于运动员提高成绩,使裁判员和其他工作人员有条不紊地进行工作,还能起到保持会场观众情绪高昂的作用。编排的具体步骤有:审查报名表、编排运动员姓名和号码对照表、统计各项目参赛人数、编排各项竞赛分组、编排竞赛日程、编印秩序册。

4)检查场地、体育器材的安全性。要加强对场地、体育器材的安全检查,确保场地无安全隐患、体育器材安全可靠。

5)做好运动员的训练工作。注意训练的时间与强度,运动量要适宜,训练前要做好准备活动,活动四肢、拉伸肌肉到身体发热、额头、背上出汗为止,身体充分活动舒展以后才能在比赛中发挥出自己的能力。

6)各班要召开专门会议布置比赛有关安全事宜、比赛任务落实、运动常识宣传教育、做好绿色环保等工作。对所有参赛学生的身体健康状况要进行全面细致的了解。长跑运动员必须进行心电图检查,否则不准参赛。凡患有高血压、心脏病及其他不适合参加剧烈运动的学生,不得参加比赛。

7)运动员、裁判员、工作人员、班级啦啦队、服务人员应各司其职,加强学习,提高安全意识。所有人员要遵守赛场纪律、服从指挥,这是确保运动会安全、有序进行的基础。

2. 比赛期间的安全

1)在比赛前等待的时间里,要穿上外衣,注意身体保暖,保持身体和心理的最佳状态。

2)临赛前不可吃得过饱或者饮水过多,少吃油腻的食物,多吃容易消化的食物。临赛前半小时内可以吃些巧克力,以增加热量。

3)比赛过程中,非运动员不得随意进入比赛场地,也不得在比赛场地内停留,要在指定的地点观看比赛。长跑比赛时严禁陪跑,要有组织地为运动员加油助威,不能影响运动员比赛。

4)赛场上要服从裁判的判决。若有异议,可以由班主任在赛后一小时内向学校运动会仲裁委员会报告。

3. 比赛期间突发事件处理

比赛期间一旦发生突发性事件,应立即做出反应。

1）运动会开始后，班主任、裁判员必须始终坚守岗位，随时准备处理可能发生的运动伤害或其他安全问题。

2）比赛期间运动员出现挫伤、扭伤、肌肉拉伤等运动损伤时，应马上停止比赛，由现场医务人员进行医治。

3）一旦运动员出现剧烈呕吐、休克、骨折等较重症状时，要采取以下措施：①做好抢救的准备工作，并安排救护车辆和班主任护送伤者到就近医院救治；②裁判员要立即向大会工作领导小组报告。

4. 比赛中的注意事项

1）各运动员要记住自己的比赛项目和比赛时间，并需要提前 15 分钟到检录处检录。

2）运动员要保管好号码布。比赛时，号码布统一佩戴在胸前，无号码布者不得参加检录和比赛。比赛结束后，号码布交由各班级体育委员统一保管。

3）径赛项目 100 米、200 米、400 米、4×100 米接力比赛为分道跑。每位运动员只能在自己的跑道内进行比赛，不得抢道、串道，妨碍其他运动员正常比赛，违反规定者取消比赛成绩。

4）运动员要严格按照报名表上的项目参加比赛，不能冒名顶替，一经查实，取消相关运动员的所有比赛成绩。

5）当比赛出现径赛与田赛项目兼项冲突时，应先向田赛裁判请假，获得同意后先去参加径赛项目的比赛，请假时错过的比赛轮次不补。

6）比赛结束后，不要立即停下来休息，要坚持做好放松活动。剧烈运动以后不要马上大量饮水、吃冷饮，也不要立即洗浴。

7）各班同学应在本班指定的观众席文明观赛，并注意卫生，比赛结束后及时打扫。运动会期间应注意财物安全等。

8）做好宣传报道，留好文字、图片、视频等资料。

▶ 知识链接

学校运动会的流程

一、开幕式

1. 运动员裁判员入场
2. 奏国歌、升国旗
3. 校领导致开幕词
4. 运动员代表宣誓
5. 裁判员代表宣誓
6. 运动员、裁判员退场
7. 表演节目

二、比赛开始

三、闭幕式

1. 运动员、裁判员入场
2. 裁判员宣布比赛成绩
3. 颁奖
4. 校领导致闭幕词

任务实施

由学生选择合适的器材，创编一种趣味运动项目，并进行展示练习。

1）教学场地：学校田径场。
2）准备器材：根据项目的要求准备相应器材。
3）操作步骤：可5~7名同学为一组，共同设计和创作趣味运动项目。

安全小提示：

1）做到积极参与，遵守比赛规则。
2）牢记运动会注意事项，时刻树立安全意识。
3）结束后打扫场地卫生。

① 选好游戏器材　根据场地、项目和人数的要求选择合适的游戏器材，器材要简单实用，投掷器材要放在划定的区域内。

② 学生创编游戏　由学生分组讨论，按要求进行创编。学生认真思考、团结协作、开动脑筋，确定游戏人数、游戏方法和游戏规则等。

③ 展示本组游戏　学生分小组分别组织、展示游戏，互相鼓励配合。

4）小组接受师生鉴赏点评。
5）小组根据师生点评，进一步完善、丰富体育游戏项目。
6）评选"最佳游戏""最美志愿服务者"。

趣味运动项目创编任务工作页

趣味运动项目名称	
游戏分组	
参加人数	
实施路径	体育课堂教学□　学校运动会□　体育文化节□　课外体育俱乐部□　体育社团活动□
游戏方法	
游戏规则	
游戏器材	
需改进之处	

任务评价

评价方式	评价及建议
自评	介绍自己选择的运动项目，并说明该项目给自身带来了哪些益处
组评	对于集体性项目，小组成员相互评价
师评	鼓励学生积极参与活动，引导学生注重素质能力的培养，及时肯定学生的表现

任务二 美文鉴赏

任务引入

中国传统思想文化体现着中华民族世世代代在生产生活中形成和传承的世界观、人生观、价值观、审美观等，这已经成为中华民族最基本的文化基因。而美文鉴赏是我们接触中华文化比较简单的方式之一。

进行美文鉴赏不仅是对文章的阅读与品鉴，也是一种对生活方式、处世方式的认同。阅读与不阅读，区别出两种截然不同的生活方式或处世方式，中间是一道屏障、一道鸿沟，两边是完全不一样的气象：一面草长莺飞、繁花似锦，一面则是一望无际、令人窒息的荒凉和寂寥。

知识链接

要想写"一篇"赏析文章而不是"一段"赏析文字，必须搭好"架子"，做好谋篇布局的工作。首先要开好头。写作赏析文章的开头并不需要太多的技巧，只需三言两语，简明扼要地提出全文的基本观点，对内容做出"总提"即可，而且最好独立成段，以便让阅卷者一目了然。纲既举，目须张，接着就要根据内容的特征或需要，安排好正文的结构。或把"总提"的内容看成一个整体，直接举例分析；或将"总提"的内容分化为几个具体的方面，一一剖析。前一种可谓之"论据并列式"结构，后一种可谓之"论点并列式"结构。最后还应该有个简单的结尾，将全文总结一下。

一、怎样进行赏析

1. 赏析文学作品的思想

首先要把握作品的主旨和思想情感，需要读者完整地把握作品、深入理解内涵、注意含蓄或明确的提示，甚至联系相关的作者资料、创作背景；既可根据显性信息把握主题，又可根据隐性信息把握主题。思想主旨的表达格式是："文章通过记述/描写/分析某某对象，揭示/刻画/论证了某某现象/形象/道理，反映了/形象揭示了/阐述了某某本质/特征/道理。"

2. 赏析文学作品的语言特色

赏析文学作品的语言特色，要建立一个知识体系，包括：语言的准确、简练、生动、形象、幽默、辛辣、自然、简明、含蓄、深沉；长短句式的特点，各种修辞手法及其表达效果，音韵、构图和结构之美，含蓄与直白，赋、比、兴的运用，多种表达方式等。要抓住作品最突出的语言特色进行赏析。例如，从语言的炼字、炼句、炼意的角度来赏析，因为汉字本身的表意特征具有音韵美、结构美、内涵美、图画美等。

3. 赏析文学作品的形象特点

文学作品的形象主要包括人物形象和景物形象两大类。景物形象在借景抒情的散文中经常看到，人物形象在散文里也经常看到，例如，在莫言的小说《卖白菜》中，有母亲与老太太的形象，通过两者对比，更能体现出母亲形象的伟大。因此在进行赏析人物形象时，应主要从人物描写的角度进行：肖像描写、语言描写、行动描写、心理描写、直接描写和间接描写（侧面描写）等。在进行鉴赏时，要注意写出人物形象是什么，有何特征；作者是如何刻画这个形象的，运用了哪种手法；用这个形象表达了什么主旨，有何好处。

4. 赏析文学作品的表现手法

在进行鉴赏的时候，也要注意到文学作品的表现手法，包括表达方式、描写技法、修辞方法、抒情方式、表现方法、行文构思、表达效果等，可以通过作者对于文学作品的表现手法体会不同作者的写作特点，分析其作品特色。

二、鉴赏示例

致橡树

作者：舒婷

我如果爱你——
绝不像攀援的凌霄花，

借你的高枝炫耀自己；
我如果爱你——
绝不学痴情的鸟儿，
为绿荫重复单调的歌曲；
也不止像泉源，
常年送来清凉的慰藉；
也不止像险峰，
增加你的高度，衬托你的威仪。
甚至日光，
甚至春雨。
不，这些都还不够！
我必须是你近旁的一株木棉，
作为树的形象和你站在一起。
根，紧握在地下；
叶，相触在云里。
每一阵风过，
我们都互相致意，
但没有人，
听懂我们的言语。

你有你的铜枝铁干，
像刀，像剑，也像戟；
我有我红硕的花朵，
像沉重的叹息，
又像英勇的火炬。
我们分担寒潮、风雷、霹雳；
我们共享雾霭、流岚、虹霓。
仿佛永远分离，
却又终身相依。
这才是伟大的爱情，
坚贞就在这里：
爱——
不仅爱你伟岸的身躯，
也爱你坚持的位置，
足下的土地。

鉴赏： 爱情是文学作品中一个永恒的话题，古往今来，多少文人墨客都极尽才情地歌颂爱情的美好，表达自己的爱情观。从"执子之手，与子偕老"中，我们看到了坚贞执着的爱情；从"在天愿作比翼鸟，在地愿为连理枝"中，我们感受到了相依相存的爱情；从罗密欧与朱丽叶的故事中，我们读到了浪漫凄美的爱情。《致橡树》是朦胧派代表人物舒婷的一首作品，是一位新时代女性的爱情宣言。

本文可以分为三个部分进行分析。首先在第一部分，"凌霄花、鸟儿、泉源、险峰、日光、春雨"这组意象，均表现出依附橡树或无偿付出自己的特点，表现出它们与橡树不平等的关系，诗人用"不像、不学、不止像"等词语，表明自己对旧观念、旧伦理的强烈否定和坚决批判。第二部分，诗人用"木棉、橡树"来表达自己理想中的爱情。橡树，象征富有阳刚之美的男性；木棉，象征富有柔韧之美的女性。在"我必须是你近旁的一株木棉，作为树的形象和你站在一起"中，"近旁"二字表现了相爱的恋人关系；"树""站"二字，突出表达了在爱情中男女双方独立平等的思想。第三部分，作者认为真正相爱的两个人应该能够分担各种不幸和痛苦，同甘共苦。同时，爱是一种默契、一种真诚。相知相依的两个人即使相隔异地，也会心有灵犀，这才是伟大的爱情。

任务实施

以《我爱这土地》为例，完成一篇美文鉴赏作品。

我爱这土地

作者：艾青

假如我是一只鸟，
我也应该用嘶哑的喉咙歌唱：
这被暴风雨所打击着的土地，
这永远汹涌着我们的悲愤的河流，
无止息地吹刮着的激怒的风，
和那来自林间的无比温柔的黎明……
——然后我死了，
连羽毛也腐烂在土地里面。
为什么我的眼里常含泪水？
因为我对这土地爱得深沉……

1）教学场地：学校图书阅览室。

2）操作步骤：3~5名同学一组，合作创作出一篇美文鉴赏作品。

① 反复诵读，品味韵律。反复诵读，把握作品的主旨、思想情感，需要完整把握作品、深入理解内涵、注意含蓄或明确的提示，联系相关的作者资料、创作背景，品味作品的韵律。

② 搜集所需资料。通过反复诵读，感悟文章蕴含的情感，搜集与文章内容相符合的材料，如图片、背景音乐等。

③ 选择美文呈现方式。根据本小组搜集的素材、文章文风、蕴含的情感来决定美文的呈现方式。为保持鉴赏美文的效果，需做一定的特殊处理。比如微视频制作，可在原视频基础上添加字幕、旁白、滤镜等。

④ 完成鉴赏文。鉴赏时，从诗歌的形象、意境中把握它要启迪和暗示的东西，体会作者的情感和所蕴含的时代特征，对诗人的想象活动再经历、再体验，完成一篇美文鉴赏文章。

3）小组自荐作品，接受师生鉴赏点评。

4）小组根据师生点评，进一步完善鉴赏文。

5）评选"最美鉴赏文"。

安全小提示：

1）爱护馆内设施，桌椅等设备使用后自觉放回原处，保持环境整洁。

2）爱护图书，不将饮料、食品带入图书馆，不在图书馆内吃喝。

3）不乱扔垃圾，保持阅览场所清洁卫生。

4）听从图书馆老师的安排，自觉遵守图书馆的管理秩序。

美文鉴赏任务工作页

呈现形式	加音乐朗诵□		PPT□		微视频□		情景剧□
搜集所需资料	图片□		背景音乐□		PPT模板□		旁白□
需改进之处	诗歌的语言□ 诗歌的艺术特色□		诗歌的背景□		诗歌的情感□ 鉴赏的手法□		
作品推荐							
作品名称及鉴赏文							

任务评价

评价方式	评语及建议
自评	展示并介绍本组美文鉴赏作品，交流美文鉴赏的经验和感受

(续)

评价方式	评语及建议
组评	点评他组作品，指出作品的合理性、新颖性以及尚可改进的地方
师评	引导学生从多角度评价，鼓励学生对问题的解决提出不同的方案

任务三 安全演练

任务引入

校园安全是进行日常一切教育教学活动的保障，校园安全问题已成为社会各界关心、关注的热点问题，各级各类学校日常均应把学生安全与意外防范教育作为重要课程之一。而在日常安全教育活动中，对学生进行突发意外事故的安全防范教育是日常生命教育的主要内容之一。根据国家相关法律法规要求，各校均制定了应对各类突发情况的安全预案，同时经常性地组织学生进行安全演练，保证了学生在面对突发意外时能够有效应对。因此，组织好、实施好日常安全演练是一项重要的安全管理工作。

知识链接

安全演练也叫应急演练，是在虚拟的事件（事故）条件下，应急指挥体系中各个组成部门、单位或群体的人员针对虚拟的特定情况，执行实际突发事件发生时各自的职责和任务的排练活动。简单来说，就是一种模拟突发事件发生的应对演习。大量典型事故案例的惨痛教训警示我们，在火灾、地震等各类突发事故中，掌握正确有效的逃生安全知识和危险处理方法，对保障人身生命安全、减少事故损失具有十分重要的意义。实践证明，通过安全演练，学会使用安全知识和防护技能，能在突发事件发生时有效减少人员伤亡和财产损失，迅速从各种灾难中恢复正常状态。

一、安全演练的目的

校园安全演练即是通过日常模拟对突发情况的有效应对，提高学生的安全防范意识和事故防范能力，检验应急预案的可操作性，并进一步完善应急预案。

1. 提高应对突发事件风险意识

开展应急演练，通过模拟真实事件及应急处置过程能给参与者留下更加深刻的印象，从直观上、感性上真正认识突发事件，提高对突发事件风险源的警惕性；还能促使公众在没有发生突发事件时，增强应急意识，主动学习应急知识，掌握应急知识和处置技能，提高自救、互救能力，保障其生命财产安全。

2. 检验应急预案效果的可操作性

通过应急演练，可以发现应急预案中存在的问题，在突发事件发生前暴露预案的缺点，验证预案在应对可能出现的各种意外情况方面所具备的适应性，找出预案需要进一步完善和修正的地方；可以检验预案的可行性以及应急反应的准备情况，验证应急预案的整体或关键性局部是否可以有效地付诸实施；可以检验应急工作机制是否完善，应急反应和应急救援能力是否有所提高，各部门之间的协调配合是否一致等。

3. 增强突发事件应急反应能力

应急演练是检验、提高和评价应急能力的一个重要手段。通过接近真实的亲身体验的应急演练，可以提高各级领导者应对突发事件的分析研判、决策指挥和组织协调能力；可以帮助应急管理人员和各类救援人员熟悉突发事件情景，提高应急熟练程度和实战技能，改善各应急组织机构、人员之间的交流沟通和协调合作；可以让公众学会在突发事件中保持冷静，减少恐惧感，配合政府和相关部门共同应对突发事件，从而有助于提高整个社会的应急反应能力。

二、常见安全演练项目

从实用性和有效性角度考虑，校园安全演练应多进行一定预设情境下的实战演练，主要有火灾逃生演练、灭火实战演练、地震逃生演练等。

1. 火灾逃生演练

火灾逃生演练是指通过模拟教学楼或宿舍楼突发火灾，根据突发火灾应急预案，师生通过安全通道迅速有效地撤出火灾事故所在楼宇的过程。通过演练，使广大师生掌握火灾逃生的技巧和相关知识，熟悉学校紧急疏散的程序和线路，确保在火灾来临时，应急工作能快速、高效、有序地进行，从而最大限度地保护师生的生命安全，特别是减少不必要的伤害（诸如由于慌乱无序造成踩踏事故等）。同时，通过演练活动培养学生听从指挥、团结互助的品德，提高突发公共事件下的应急反应能力和自救互救能力。演练过后还要根据演练的实际效果，评估、完善应急预案并对师生进行教育宣传。进行火灾逃生演练是各级各类学校，特别是寄宿制学校日常必须进行的演练项目。

火灾逃生演练的内容主要有逃生路线的选择、逃生过程的安全防护等，需要日常对师生进行这方面的宣传教育。

2. 灭火实战演练

灭火实战演练主要是通过设置火灾场景或燃烧现场，检验师生对灭火器材的正确使用以及灭火方法、技巧的掌握情况。演练主要内容包括火场设置、灭火器材的正确使用、灭火方法与技巧、复燃检查等，一般现场需要专业的安全管理人员做技术指导和演示，参加演练的人员观看学习演示后进行实战操作。

3. 地震逃生演练

地震逃生演练是根据地震应急预案，模拟地震发生时师生如何应急避险及迅速、有序地撤离到安全地带。通过演练，能提升学校地震应急避险及疏散演练的组织和管理水平，强化师生的安全意识以及地震应急避险和疏散能力，培养学生终身受益的地震应急行为习惯。

三、安全演练的准备及注意事项

安全演练是学校日常安全教育的重要活动之一，组织安全演练需要周密考虑、精心准备，涉及演练前、演练中和演练后三个过程。

1. 演练前

（1）*演练前需宣传、熟悉应急预案，进行安全防范知识普及*　应急预案是各类演练活动的总遵循，制定应急预案的目的就是在意外发生时或发生后能够快速、及时、妥善地处理和应对危险，切实有效地降低意外事故的危害。每个学校都会依据国家相关法律法规的要求，根据自己的实际情况和需要，制定诸如火灾逃生、地震疏散等应急预案，以供日常演练和紧急情况发生时使用。在组织实施各类安全演练之前，我们要把相对应的应急预案向广大师生进行宣传讲解，让广大师生能够熟悉、牢记应急预案中应对紧急情况的正确步骤、程序、疏散逃生路线等内容，避免危险发生后惊慌失措、失去秩序。

同时，要向广大师生普及各类安全防范知识，传授危险应对方法和技巧。比如，发现突发意外时如何正确应对、校园典型场所火灾逃生的方法与技能、地震逃生自救的基本方法、消防器材的正确使用步骤、火灾扑救方法、自救与互救方法等。这些安全防范知识和应对技巧也是日常安全教育的重要内容，需要经常性地进行教育普及，让广大师生熟记于心并有效指导实践。

（2）*演练前要按程序报备审批*　校内安全演练涉及人员较多，活动场所较大，是一项大型活动。组织此类活动，事前必须按学校要求进行报备审批，根据应急预案和相关规定制定活动方案，认真评估活动的各项影响因素，并请示学校协调各类资源提供帮助与支持。

（3）**演练前需要备齐演练所需物资，配齐工作人员**　各类安全演练均需要一定的物资和人员支持，需要在演练前协调到位。演练时，根据应急预案确定的各岗位、各重点部位负责指挥引导的人员，需要在演练方案中明确职责、固定岗位，并提前做好培训。演练所需诸如燃烧器具材料、灭火器材、逃生器材、个人防护装置等物资也需要提前准备好，并事先培训参演人员如何使用。

重点需要考虑的是演练活动安全保障条件是否准备到位且满足要求；是否充分考虑了演练实施中可能面临的各种风险；制定必要的应急预案或采取有效措施；参演人员是否具有能够确保自身安全的安全措施。

总之，演练前的各项工作都是为了让参与者明确演练"由谁在什么条件下完成什么任务，依据什么标准，取得什么效果"。

2. 演练中

演练开始后，应急预案确定的各岗位、各重点部位责任人要迅速进入岗位、进入角色，根据岗位要求和工作职责进行现场组织、指引、操作等。各岗位组织、指引人员要发挥作用，确保演练顺利进行，确保参演人员人身、行动安全；确保符合避险防范的方式、方法要求；确保符合演练设定的程序及规则；确保达到演练目标。

同时，各岗位人员要密切观察、检测各环节衔接、运行情况，收集演练过程中岗位职责发挥、人员反应速度、人员协调、应急处置方式方法应用等方面的信息，供演练后分析使用。

3. 演练后

演练结束后，应急预案指挥部或应急情况处置领导小组要及时组织召开演练总结会议，根据对演练过程的监督掌控和参演人员的观察，讨论分析应急预案和演练中存在的问题，研究出问题解决办法，以完善应急预案。

总结会议中要认真总结讨论以下问题：现场指挥部能否及时成立，并确保其安全高效运转；指挥人员能否指挥和控制其职责范围内的应急响应行动，能否掌控全局；指挥部各位成员能否在较短或规定时间内到位，分工明确并各负其责；先前制定的应急预案是否科学可行，是否调集了足够的应急物资和装备；指挥部能否对事故现场有效传达指令，进行有效管控；参演人员是否能够按照处置方案规定或在指定的时间内迅速到达现场开展应急处置，参演人员是否能够对事故先期状况做出正确判断，采取的先期处置措施能否达到科学、合理，处置结果是否有效；现场参演人员是否职责清晰、分工合理；应急处置程序是否正确、规范，处置措施是否执行到位。

对该次演练进行总结分析后，根据问题解决办法，要进一步修改、完善应急预案，使之更符合实际情况和安全避险处置要求。

下面是×××学校地震应急演练预案。

XXX 学校地震应急演练预案

一、指导思想

落实国家安全教育的精神，坚持"预防为主、综合治理、安全第一"的原则，创建安全和谐校园。确保在遭遇破坏性地震时，全体师生能够迅速、有秩序地撤离教学楼，最大限度地减少人员伤亡。通过地震演练，令全校师生在发生地震时能够采取正确的方法自救，能够迅速、有序、安全地撤离疏散，提高师生的安全应急意识。特制定本校发生地震演练计划。

二、防震应急领导小组

组长：邢某某。

副组长：郭某某。

成员：张某某、王某某、各班班主任。

三、演练要求

1）演练时间：每学期开学第一周的周二上午。

2）全体领导小组成员和师生务必要高度重视，根据布置和安排，落实每个老师的岗位、职责和学生疏散通道、顺序和集合地点（篮球场）。

3）地震灾害发生或演练，均以广播警报声或应急领导小组成员的呼喊声为警报信号。

4）师生听到警报信号后，立即停止上课，关闭办公室、教室所有用电设备，随手关门。所有老师马上到达指定岗位，组织学生迅速撤离教室。

5）演练过程必须注意安全。学生要听从负责老师的指挥，动作迅速而又不慌乱，应该排成两路纵队，有秩序地前进，不能争先恐后、慌乱奔跑。出教室时必须走，在教室外可以有秩序地小跑，迅速转移到指定位置。如果有同学跌倒，要尽快扶起来。

6）疏散过程中，可以用双手护头，以防被砸伤。

7）负责指挥的老师疏散完所在年级的学生后，跟随所在年级的学生立即撤离，路上如有学生摔倒或受伤，马上把他们抬到指定的集合地点，各岗位的教师迅速按指定地点分年级集合。

8）集合地点是学校篮球场。各班学生到达集中地后，要立即原地蹲下，保护头部。集合时，每班排两列纵队，学生全体坐下，保持安静，班主任在队伍前面，任课教师在队伍后面。班主任和任课教师迅速清点人数，报告年级组长，组长统计完本年级各班人数及教师人数后，报告校长。

四、学生自救方法、疏散安排及次序

强烈地震发生时，一般伴有隆隆声、地光及地面抖动。一次地震从有感觉到震动，再到震动结束，通常有几秒到几十秒的时间，此时要教育学生一定要沉着冷静，不要恐惧慌乱，更不要无目地乱跑,应在学校地震应急工作领导小组的统一指挥下开展应急避险。

1. 地震时室内外避险

听到地震警报后,处于教室内的师生立即停止教学活动,告诉学生不要慌乱,并指挥学生将身体尽量缩成一团,迅速抱头、闭眼、躲在各自的课桌下,靠围墙的学生尽量往里靠。躲避的姿势:将一个胳膊弯起来保护眼睛不被碎玻璃击中,另一只手用力抓紧桌腿。在墙角躲避时,把双手交叉放在脖子后面保护自己,可以拿衣物或其他保护物品遮住头部和颈部。

在操场上的师生应该到空旷场地或疏散区去躲避,就地不动蹲下,用手保护头部,注意避开大型建筑物或危险物(如围墙等)。

2. 紧急疏散避险

地震结束后,为了防止较大的余震发生,应该立即有秩序地疏散人员到安全的地方去躲避余震。如家长来校接孩子,允许家长到各班班主任处签字接走学生。

有电时,相关人员迅速准备话筒通过广播发布疏散信号,停电时用喊话器或哨声发布疏散信号。全体师生听到疏散的信号后,立即按预定的路线有秩序地进行疏散。

要有顺序地疏散,每班排成两列纵队,学生分前后门走,各排一队。教师可根据班级人数进行安排,离门最近的学生把门固定住,以免门被关上,影响逃生时间。等所有同学都撤离了,教师跟在队伍最后。

五、岗位安排

1)广播指挥:尚某某。

2)操场指挥:张某某。

3)计时:齐某某(计时从发出警报开始至全部师生到达集合地点结束)。

4)安全地带秩序负责:王某某。

5)各年级组长:负责自己年级的师生。

6)各班班主任和任课教师:负责组织、指挥自己班级的学生。

7)抢救队成员:刘某某、杜某某、马某某。

8)医疗人员:夏某某。

9)摄影:孟某某。

六、临震应急行动

1)接到上级地震、临震预(警)报后,领导小组立即进入临战状态,依法发布有关消息和警报,全面组织各项抗震工作。各工作组随时准备执行防震救灾任务。

2)组织有关人员对所属建筑进行全面检查、封堵,关闭危险场所,停止各项室内大型活动。

3)加强对易燃易爆物品的管理,加强对门卫等场所的防护,保证防震减灾工作顺利进行。

4）加强对师生的宣传教育，做好师生及学生家长的思想稳定工作。

5）加强各类值班值勤，保持通信畅通，及时掌握各种情况，全力维护正常的教学工作和生活秩序。

6）各项物资准备。

七、震后应急行动

1）无论是否有预报、警报，当发生破坏性地震后，学校防震应急领导小组成员应立即赶赴学校，其他在校的防震应急领导小组成员必须在震后迅速在本校操场集合待命。

2）各防震应急领导小组成员在校长统一组织指挥下，迅速组织人员参加本校抢险救灾。

① 迅速发出紧急警报，组织滞留在各种建筑物内的所有人员撤离。

② 迅速关闭、切断输电、供水系统（应急照明系统除外）和各种明火，防止震后滋生其他灾害。

③ 迅速开展以抢救人员为主要内容的现场救护工作，及时将受伤人员转移到附近的救护站救护。

④ 加强对重要设备和重要物品的救护和保护，加强校园 24 小时行政值班值勤和巡逻，防止各类犯罪活动的发生。

3）积极协助政府做好广大师生的思想宣传教育工作以及心理疏导工作消除恐慌心理，稳定人心，迅速恢复正常秩序，全力维护社会安全稳定。

4）迅速了解和掌握本校受灾情况，及时汇总并向上级汇报。

八、其他

1）进入防震紧急状态后，学校指挥部将通过各种新闻媒体发布各种命令、指示，防震减灾领导小组将通过电话、口授等形式传达各种命令、指示。

2）在抗震减灾应急行动中，要密切配合、服从指挥，确保政令畅通和各项工作落实。

3）本预案从即日起正式施行。

注：如遇情况发生时，各班任课教师负责本班学生的组织管理及安全撤离，没有课的教师立刻赶赴各教室外组织安全撤离。

▶ 任务实施

请你根据所在学校的灭火实战演练方案，申请并组织入学后的新生年级实施一次灭火实战演练。

一、活动组织要求

1）按照演练申请审批程序履行审批手续。

2）精心准备演练所需物资，协调演练所需人员。

3）严格按照演练步骤进行操作，注意收集演练过程中存在的优点和不足。

4）演练后进行总结。

5）根据灭火演练方案，全班可进行合理分工，各负其责。

安全小提示：

1）演练审批要在老师指导帮助下进行。

2）听从教师统一安排，按步骤操作，不得擅自操作处理。

3）要严格按照演练方案进行组织。

4）演练过程中要密切注意参演人员的安全防护问题，确保安全进行。

二、实施步骤

1. 演练活动申请及审批

在老师指导帮助下向学校安全管理部门提出承办灭火实战演练申请，并请求学校安全管理部门提供专业安全管理老师和火盆、油料、灭火器等物资材料，协调确定演练的具体日期、地点和参加人员。

2. 灭火知识普及教育

组织新入学年级进行一次集中安全教育，主要教授常见灭火器的正确使用方法、灭火原理、灭火方法技巧、灭火注意事项等知识，观看灭火教育视频，以帮助学生掌握灭火必备技能。

3. 确认人员及物资到位情况

在老师帮助下向学校安全管理部门确认到场指导人员和演练所需物资的准备到位情况，协调所缺物资在演练时间落实到位。

4. 组织学生参加演练

在选定的演练时间组织所在二级学院新生到达演练场地参加灭火实战演练。首先在学校安全管理部门老师指导下，现场演示学校内常见干粉灭火器的正确使用方法及灭火注意事项，介绍现场安全注意事项，并现场点燃演练所用火盆，示范如何用干粉灭火器灭掉着火点。全体参加学生认真观看学习后，分组参加灭火练习。注意现场进行问题记录和拍照录像，留存演练影像资料。

5. 现场分析总结

灭火练习结束后，安全指导老师根据灭火演练中出现的问题现场进行分析总结，指出不足，教授同学们如何改进，让学生的灭火技能在亲身实践后能有新的提高。

6. 组织学生有序返回

任务评价

评价方式	评语及建议
自评	请写出组织本次活动的经验和感受，总结出需改进的地方
师评	对学生组织的本次灭火演练进行评价，指出活动组织各环节做得比较好的地方、存在的问题以及改进建议

拓展任务

借鉴安全演练活动的步骤和经验，组织自己班级参加一次地震逃生演练。

要求：

1）要严格根据所在学院的地震逃生预案要求制定出班级演练方案。

2）要在老师的帮助指导下进行。

3）要确保演练全过程的人员安全。

超级推荐

1.电影《夺冠》讲述的是中国女排姑娘们顽强奋斗、为国争光的励志故事。郎平说："女排精神不是赢得冠军，而是有时候知道不会赢，也竭尽全力。是你一路走得摇摇晃晃，但站起来抖抖身上的尘土，依旧眼中坚定。人生不是一定会赢，而是要努力去赢。"扎扎实实、勤学苦练、无所畏惧、顽强拼搏、同甘共苦、团结战斗、刻苦钻研、永攀高峰。这，就是女排精神！

2.《十八洞村》是由苗月执导，王学圻、陈瑾主演的剧情片。该影片以十八洞村的真实故事为原型，讲述了退伍军人杨英俊在扶贫工作队的帮扶下，带领杨家兄弟立志、立身、立行，打赢一场扶贫攻坚战的故事。

项目七　校内实训劳动
Project Seven

➡ 教学目标

知识目标：知道常见实用的校内相关专业实训的知识，如汽车维护、3D 打印、社交礼仪的基本操作步骤、技巧及注意事项。

技能目标：领会汽车维护、3D 打印的操作或实施方法及要领，能自己独立进行其中的一项劳动；领会并应用社交礼仪知识。

素养目标：通过校内实训劳动，培养学生的工匠精神和严谨踏实的工作作风，提升学生的动手能力、沟通能力，养成良好的礼仪习惯，具备基本的文明素养。

➡ 项目描述

校内实训是职业院校学生在校期间需要完成的重要技能训练工作，是落实工学一体化教学要求、提升学生动手实践能力、培养工匠精神的有效途径，专业性较强，劳动成果能实实在在地展示出来，富有趣味性，得到了在校学生的普遍欢迎。本项目设置汽车维护、3D 打印、社交礼仪三个任务。通过完成本项目的实训任务，学生可在劳动实践中既学到有用的专业技能，又能培养认真严谨的工作作风。

教学场地：本项目三个任务在教学实施中建议分别在汽车维护实训车间、3D 打印实训室和礼仪实训室完成。

课时建议：6 课时。

任务一　汽车维护

➡ 任务引入

汽车维护是汽车运用与维修专业针对汽车机电维修工职业岗位能力培养的一门专业核心课程。同时，在汽车成为大众消费品的今天，汽车维护也是非常实用的一门专业技能。通过此课程的学习和实践，学生应能够独立和合作完成汽车维护工作，确保车辆正常行驶，以满足客户或自家汽车保养需求。

知识链接

一、汽车维护概述

汽车维护是指定期对汽车相关部分进行检查、清洁、补给、润滑、调整或更换某些零件的预防性工作。现代的汽车维护主要包含了对发动机系统、变速系统、空调系统、冷却系统、燃油系统、动力转向系统等的保养。汽车维护的目的是保持车容整洁，技术状况正常，消除隐患，预防故障发生，减缓劣化过程，延长使用周期。

1. 汽车维护分级

汽车维护分为日常维护、一级维护和二级维护。

（1）汽车日常维护

① 维护内容：以清洁、补给和安全检视作为作业中心内容。

② 基本要求：车容整洁，工作油液充足，密封良好，无泄漏，附件齐全且无松动，制动可靠，转向灵敏，灯、喇叭等工作正常。

（2）汽车一级维护

① 维护内容：除日常维护外，以清洁、润滑、紧固为作业中心内容。

② 基本要求：以确保车辆正常运行状态为目的，以清洁、润滑、紧固为主要内容，并检查制动、操纵等安全部件。

（3）汽车二级维护

① 维护内容：除完成一级维护作业外，以检查、调整转向节、转向摇臂和悬架等经过一定时间使用容易磨损或变形的安全部件为主，并拆检轮胎，进行轮胎换位，检查调整发动机工况和排气污染控制装置等。

② 基本要求：汽车二级维护是以消除隐患为目的的性能恢复性作业，尤其是恢复达标的排放性能，恢复安全性能。

2. 汽车维护周期

1）汽车日常维护的周期为：出车前、行车中和收车后。

2）汽车一、二级维护周期的确定，应以汽车行驶里程为基本依据，对于不便于用行驶里程统计、考核的汽车，可用时间间隔确定一、二级维护周期。

二、汽车维护常用维护项目

1. 汽车日常维护作业内容

1）清洁要求：对汽车外观、发动机外表进行清洁，保持车容整洁。

2）检视补给要求：对汽车各种工作介质和轮胎气压等进行检视补给。

3）安全装置和发动机状况检查要求：对汽车的制动、转向、传动、悬架、灯光、信号等安全部位和装置以及发动机运转状态进行检视、校紧，确保行车安全。

2.汽车一级维护作业内容

1）检查发动机外观是否整洁，发动机各区域的配合面、油封、排放塞和机油滤清器是否有泄漏，发动机机油液位是否符合要求，空气滤清器滤芯是否清洁，冷却液液位是否符合要求，喷洗液液位是否正常，传动带有无异常磨损、安装是否正常。

2）汽车灯具、仪表和信号装置是否齐全有效，安装是否牢固，发电机工作是否正常，蓄电池表面是否清洁，桩头是否腐蚀，电解液液位是否符合要求。

3）变速器是否泄漏，减振器是否损坏和泄漏，减振弹簧是否损坏，动力转向机构是否变形，球头是否松动，转向节是否松动损坏，驱动轴护套是否损坏，制动管路是否损坏、泄漏，燃油管路是否损坏或泄漏，制动踏板高度是否符合要求，离合器踏板高度是否符合要求，排气管是否锈蚀、损坏，排气管吊耳是否脱落等。

3.汽车二级维护作业内容

1）检查发动机各区域的配合面、油封、排放塞是否漏油；清洁并视情况更换空气滤清器滤芯；检查传动带是否有异常磨损，安装位置是否正常；检查发动机水管是否漏水，检查并视情况修理或更换水泵；检查冷却液液位并视情况添加；检查并调整传动带的预紧度；更换发动机机油；更换机油滤清器；检查并清洁曲轴箱通风装置；清洁发动机外表面，检查发动机进、排气歧管和排气管；按规定力矩紧固气缸盖螺栓；检查并视情况更换燃油蒸发控制装置。

2）检查转向器、变速器、减速器等润滑油液液面高度，检查燃油管接头，视情况更换燃油滤清器，视情况更换燃油泵，拆卸并清洁制动轮毂总成，检查制动器轴承，检查制动盘、制动鼓，检查制动轮缸工作状况，测量摩擦片厚度，按规定力矩紧固轮毂螺母，检查并视情况更换制动液，检查制动管路软管有无压痕、损坏和泄漏，测量制动踏板高度和自由行程，检查驻车制动拉杆行程，测量离合器踏板高度和自由行程，检查动力转向机构工作状况及密封性,检查并紧固车身、车架紧固件，全车加注润滑脂。

3）检查并清洁高压线、分电器，清洁、测量并视情况调整或更换火花塞，清洁并润滑发电机、调节器、起动机，检查、调整、修理或更换车灯、喇叭、仪表、刮水器和全车电气线路，检查蓄电池电解液液位，测量电解液相对密度，检查空调系统工作状况等。

三、汽车维护实施注意事项

1. 理解并严格落实 6S 理念

整理（SEIRI）：在工作场地指定一处放置所有不必要的物品；收集工作场地中不必要的材料，然后丢弃。也就是区分要与不要的物品，将不要的物品清理掉或放在别处保管。整理是 6S 的第一步，它的目的是腾出空间、防止误用。

整顿（SEITON）：把整理好的物品放在作业时方便使用的地方并进行标准化，使工作现场内所有物品保持整齐有序的状态，并进行必要的标识。杜绝乱堆乱放、物品混淆、该找的东西找不到等无序现象出现。

清扫（SEISO）：经常性地彻底清扫工作场所内看得见和看不见的地方，保证工作现场干净整洁，包括工量具的清洁。良好的工作环境能带来好的心情，以避免发生生产事故。

清洁（SEIKETSU）：在维持 3S 的状态下，维持生产现场的卫生，使工作环境及设备、仪器、工夹量具、材料等始终保持整洁。

素养（SHITSUKE）：养成牢牢遵守已被决定的事情的习惯，即维持生产现场的规定、规章等。

安全（SAFETY）：每时每刻都有安全第一的观念，防患于未然。安全是正常高效地开展一切工作的基石，拥有健康良好的身体以及安全的学习、生活和工作环境，是快乐生活、努力工作、事业成功的保证。

2. 安全、正确操作举升机

1）举升机操作机构应灵敏，液压系统、气压系统和电动机正常工作。

2）车辆应停放周正，支撑垫块放置在车辆底盘合适的支撑位置上。

3）举升时，车辆周围应无人员和其他障碍物。

4）举升要平稳，两侧平板高度一致，否则应立即停止操作，及时检查维修。

5）举升到所需要的高度时，必须锁止，并确保安全可靠，方可进行底盘作业。

6）举升高度不能超过举升机的举升极限。

3. 正确使用工量具

1）所有量具均为精密仪器，要确保在工作部件上正确使用工具，在工具上用力操作要恰当。

2）测量仪器与被测零件垂直。

3）选择使用量程适当的量具。

4）读取测量值时,确保视线与表盘和指针垂直。

5）注重保养量具,使用后要清洁并按原状放置,勿暴晒或受潮。

任务实施

实施一次更换发动机机油和机油滤清器作业。

1）教学场地:学校汽车维护实训车间。

2）准备材料:见下表。

序号	名称	型号或规格	数量/工位
1	丰田卡罗拉汽车	GL 1.6AT	1辆
2	二柱式举升机	XG-3.2B	1台
3	世达工具车	95109	1辆
4	世达工具车	95111	1辆
5	4L专用机油	10W-30	2壶
6	机油滤清器	90915-YZZC5	1个
7	机油收集器	—	1个
8	机油滤清器专用工具	—	1套
9	梅花扳手	12~14毫米	1把
10	世达套筒组套		1套
11	预置式力矩扳手	10~100牛·米	1把
12	工作灯	—	1台
13	翼子板布、前格栅布	—	1套
14	座椅套、转向盘套、脚垫	—	1套
15	尾气抽排系统	—	1套
16	漏斗	—	1个
17	车轮挡块	—	2块
18	支撑垫块	—	4块
19	手套	—	2副
20	拖把	—	1把
21	抹布	—	若干

3）操作步骤：2名同学一组，根据操作步骤操作，一人操作时另一人作为安全员。

① 准备工作。

放置车轮挡块。

安放座椅套、转向盘套、脚垫。

变速杆置于P位，拉起驻车制动拉杆。

打开发动机罩并支撑好。

放置前格栅布、翼子板布。

检查发动机机油液位：首先要将机油液位尺拔出擦干净，然后将机油液位尺完全插入发动机机油液位尺管内，再次拔出，检查机油液位。

② 松开机油加注口盖。机油加注口盖要虚放在机油加注口上，以防异物从加注口处掉入发动机内部。

③ 用举升机将车辆升至最高位置。要严格按照举升机操作步骤操作，举升车辆的高度可以根据操作人员的身高做适当调整。举升机作业过程中要大声提醒，确保升降安全。

④ 检查发动机各区域的接触面、油封、排放塞是否漏油。检查时要戴手套，同时用工作灯照明进行作业，用干净的抹布擦拭各部位，以判断是否漏油。若抹布上粘上油渍，表明该处漏油，需进一步检查维修。

⑤ 拆卸机油排放塞，排放机油。用14毫米梅花扳手松开排放塞时动作要轻，以防车辆晃动。将机油收集器移至发动机下方合适的位置，并调整机油盆的高度，然后迅速松开并移走排放塞，排放机油。

⑥ 更换机油滤清器。使用机油滤清器专用工具松开机油滤清器，然后徒手取下机油滤清器，放到规定位置。取出新的机油滤清器，在其密封垫圈上涂抹新的专用机油，然后徒手安装新的机油滤清器并将其旋转至滤清器密封垫圈接触底座。最后使用专用工具拧紧机油滤清器3/4圈。紧固完毕后，及时清洁机油滤清器。

⑦ 安装机油排放塞。清洁机油排放塞，更换机油排放塞垫片，徒手将排放塞旋进机油排放孔后，用预置式力矩扳手紧固机油排放塞至37牛·米，移走机油收集器，清洁作业场地。

⑧ 下降举升机至最低位置。

⑨ 加注机油。取下机油加注口盖并倒置在工作

台上，防止粘上污物，加注 4.2 升专用机油，要及时检查机油油量，确保加入适量的机油。检查完毕拧紧机油加注口盖。

⑩ 安装尾气抽排装置。

⑪ 起动发动机，保持发动机运转 3~5 分钟，再关闭发动机。

⑫ 收回尾气抽排装置，立即清洁地面。

⑬ 再次举升车辆到合适高度，检查发动机各区域接触面、机油排放塞和机油滤清器是否漏油。

⑭ 下降车辆至地面，收回翼子板布、前格栅布，关闭发动机罩。最后收回座椅套、转向盘套和脚垫，并分类放到指定的垃圾箱内。

⑮ 彻底清洁车身、举升机、场地和所用工具，落实好 6S 要求。

安全小提示：

1）举升机作业过程中要大声提醒，确保升降安全。
2）听从老师统一安排，严格按步骤操作，不准擅自操作处理。
3）作业过程中要及时清洁地面上的油和水，确保操作安全。
4）操作时产生的垃圾要及时归类处理，操作后恢复现场。
5）举升机没有锁止前禁止进入车下。

汽车维护作业单

项目	作业内容	作业要求	检查结果
准备工作	安装车轮挡块		□ 正　常 □ 不正常
	安装车内三件套		□ 正　常 □ 不正常
	放置翼子板布、前格栅布		□ 正　常 □ 不正常
	检查机油液位		□ 正　常 □ 不正常
打开机油加注口盖	—		□ 正　常 □ 不正常
举升车辆	—		□ 正　常 □ 不正常
检查发动机是否泄漏	检查各区域的接触面		□ 正　常 □ 不正常
	检查油封		□ 正　常 □ 不正常
	检查排放塞		□ 正　常 □ 不正常

（续）

项目	作业内容	作业要求	检查结果
拆卸排放塞，排放机油	拆卸机油排放塞		☐ 正　常 ☐ 不正常
	排放机油		☐ 正　常 ☐ 不正常
	安装并紧固机油排放塞		☐ 正　常 ☐ 不正常
更换机油滤清器	拆卸机油滤清器		☐ 正　常 ☐ 不正常
	安装机油滤清器		☐ 正　常 ☐ 不正常
	紧固机油滤清器		☐ 正　常 ☐ 不正常
降下车辆	—		☐ 正　常 ☐ 不正常
加注机油	加注机油		☐ 正　常 ☐ 不正常
	拧紧机油加注口盖		☐ 正　常 ☐ 不正常
安装和拆卸尾气抽排系统	—		☐ 正　常 ☐ 不正常
起动发动机，保持怠速运行 3~5 分钟，关闭发动机	—		☐ 正　常 ☐ 不正常
复检发动机各区域的接触面、油封、排放塞和机油滤清器是否泄漏	—		☐ 正　常 ☐ 不正常
收回翼子板布、前格栅布	—		☐ 正　常 ☐ 不正常
收回车内三件套	—		☐ 正　常 ☐ 不正常
整理、清洁工具	—		☐ 正　常 ☐ 不正常
清洁车身、举升机、场地	清洁车身		☐ 正　常 ☐ 不正常
	清洁举升机		☐ 正　常 ☐ 不正常
	清洁场地		☐ 正　常 ☐ 不正常

任务评价

能力目标	观察点	自评	互评	技术要求
基本职业能力	检查机油油面高度	□合　格 □不合格	□合　格 □不合格	首先将机油液位尺拔出擦干净，然后将其完全插入发动机机油液位尺管内，再次拔出并检查发动机机油液位
	更换机油	□合　格 □不合格	□合　格 □不合格	机油规格性能指标符合规定
	视情况更换机油滤清器	□合　格 □不合格	□合　格 □不合格	机油滤清器密封良好，无堵塞，完好有效
	清洁、复位设备和工具等	□合　格 □不合格	□合　格 □不合格	6S 要求
关键能力	正确查阅维修资料和学习资料	□合　格 □不合格	□合　格 □不合格	适应职业岗位
	合作默契，交流顺畅	□合　格 □不合格	□合　格 □不合格	
个人反思		完成任务的安全、质量、时间和 6S 要求，是否达到最佳水平，请自己思考并提出改进建议		
教师评价	教师签字： 日期：	成绩		
		□合　格　　□不合格		

任务二　3D 打印

任务引入

在未来，3D 打印将会和现在的计算机一样普及，使用三维软件设计，利用 3D 打印机打印模型，将成为人们日常生活的必备技能。3D 打印可以打印多种材料，理论上可以完成各种形状复杂模型的打印，真正做到所想即所得。本任务内容将带大家认识并学会使用 3D 打印机制作简易的生活用品。

知识链接

一、3D 打印技术概述

3D 打印（3DP）是快速成型技术的一种，它是一种以数字模型文件为基础，运用粉末状金属或塑料等可黏合材料，通过逐层打印的方式来构造物体的技术。

3D 打印技术拥有多种成型原理，其中最常见的技术原理为 FDM 打印技术。FDM 是将丝状的热熔性材料加热熔化，同时喷头在计算机的控制下，将材料选择性地涂在工作台上，快速冷却后形成一层截面，之后工作台下降一个高度（即分层厚度）再成型下一层，直至形成整个实体造型。

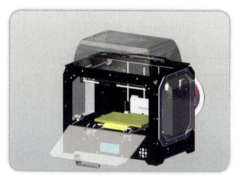

FDM 桌面 3D 打印机外形

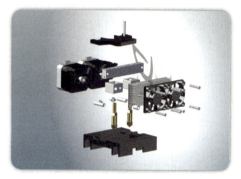

FDM3D 打印机喷头单元爆炸图

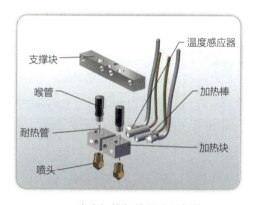

喷头加热部件及进丝部件

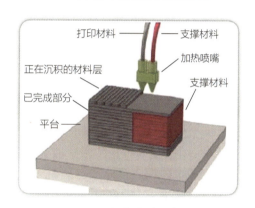

FDM 打印成型示意图

二、3D 打印过程

首先，通过计算机三维设计软件建模；然后，将建成的三维模型导出 STL 或 OBJ 格式进行切片处理，并将切片后的数据储存成 .gcode 格式成打印机可识别的其他格式；控制 3D 打印机打印；完成打印后，取出模型进行后期处理。

三、3D 打印所需要的软件

1. 三维设计软件

3D 打印机是一个打印工具，就像普通照片打印机按几个按键即可打印照片一样，3D 打印机按几个按键就可以打印模型。同样，模型源文件和照片源文件一样，需要预先放进去。类似于手机拍摄获取照片源文件，3D 打印机的模型源文件是通过三维设计软件设计产生的。

常用的三维设计软件有 3DS MAX、Pro/E、UG、MAYA、CAXA、SolidWorks、Inventor、3Done 等。一般来说，3DS MAX 及 MAYA 多用于影视动漫领域，UG、Pro/E 多用于模具生产，

Solidworks 及 CAXA 多用于数控及钣金，Inventor 多用于机械设计，3Done 适于初学三维设计的中小学生。三维设计及 3D 打印切片通用的格式为 STL 格式。

2. 3D 打印切片软件

当三维模型设计完成后，在进行打印之前，还需要把设计好的文件模型转化成打印机可以识别的机器代码，这个过程就是切片。常用的是中文版的 Cura3D 切片软件。

打开模型，选择模型文件，单击"打开"，然后在模型预览窗口中可以看到模型的大小，并能调整模型位置。可以重复添加多个模型。在打印尺寸范围内的模型以黄色显示，超出打印尺寸模型会变成黑灰色。

常用的模型参数有以下几种。

层高：模型每层截面的厚度，或理解为成型平台（或喷头）一个脉冲下降（上升）的高度。

打印温度：通常 PLA 材料打印的温度在 180~200℃之间，ABS 材料的打印温度在 210~230℃之间。

热床温度：即成型平台的温度。室温下，PLA 材料无须设置热床温度，ABS 材料热床温度一般为 90~110℃，PLA 材料通常为 30~60℃。

支撑类型有三种：全支撑、半支撑和无支撑。初学者可根据模型的实际情况进行设置。

四、浮雕制作

浮雕一般采用白色材质。无背光源下呈现凹凸不平的塑料板状，加上光源后即可呈现照片效果。照片色彩在光源照射下显示不同色差的灰度，通过灰度色差形成明暗对比，表示浮雕的薄厚，呈现出照片浮雕效果。薄处透光性强，颜色亮，打印得薄；厚处透光性差，颜色暗，打印得厚。

1. 照片选用原则

1）照片清晰，背景简单明了，过于杂乱的背景在打印成浮雕之后难以辨别画面。

2）避免高光。有高光的照片，打印环节容易在高光位置出现空洞。

2. 浮雕制作步骤

（1）**设定基本尺寸**　打开切片软件，选择打开模型或 G 代码，选择想要打印的照片，弹出照片设置对话框。

"高度"表示浮雕的厚度，单位是"mm"，即照片颜色最深处需打印的厚度。建议设定参数在"2.8~3.4"之间，要求参数是"0.2"的整数倍。"底层厚度"表示浮雕最薄处，即照片中颜色最浅处需打印的厚度，一般设定值为"1mm"，也是"0.2"的整数倍。"宽度"和"深度"表示照片的长和宽。

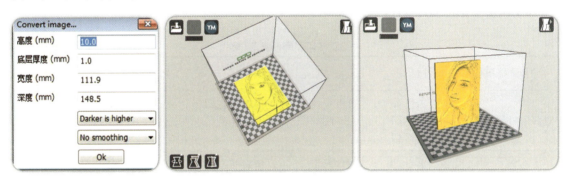

（2）**摆放方式和材料选择**　通常竖立打印，这样表面质量较高。横放打印会翘边，且受层高影响，美观度不如竖立打印高。材料建议使用 PLA 材料，如果竖立打印浮雕，使用 ABS 材料容易开裂。

（3）**打印机操作**　第一步，开机调平。3D 打印是逐层打印成型，首层打印如同房屋地基，至关重要，影响后期"房屋"建设和牢固效果，因此 3D 打印设备开启后，首先要进行开机调平。第二步，选择模型文件。第三步，单击"打印"。

🚩 任务实施

选取一张合适的照片，选择合适的材料，设定合适的参数，打印完成一件浮雕作品，并为自己的作品写 100 字左右的介绍说明。

1）教学场地：学校 3D 打印实训室。
2）准备材料：电子版照片。
3）操作步骤：自主完成，打印出自己的浮雕作品。

> **安全小提示：**
> 1）进入操作室，应着装合理，请不要带与教学无关的物品入内。
> 2）听从教师统一安排，按步骤操作，不准擅自操作处理。
> 3）严禁触碰正在打印过程中的设备喷头及平台，正确使用铲刀及其他处理工具。
> 4）操作时产生的垃圾要及时归类处理，以保证良好的操作环境。
> 5）操作完毕后，请及时整理计算机及打印设备，做好室内卫生，关闭电源，关好门窗。

① 选取照片。选取照片应清晰，背景简单明了，无高光。
② 选择材料和颜色。浮雕一般使用 PLA 材料打印，耗材颜色以浅颜色为主，如浅黄、白色等。
③ 切片摆放和支撑。在切片软件中，摆放不同会产生不同的打印效果，通常采取竖立打印方式，无支撑。
④ 设计造型。下载浮雕切片软件，可选择圆球形、圆柱形、扇形等浮雕设计。

4）小组自荐作品，并接受师生的鉴赏点评。
5）小组根据师生点评加以讨论。
6）评选"最佳 3D 打印浮雕作品"。

3D 打印浮雕任务工作页

照片选择类型	风景照 □	人物照 □	宠物 □	其他 □
选择的材料及颜色	PLA 白色 □ ABS 白色 □ 其他材料 □	PLA 浅黄 □ ABS 浅黄 □	PLA 浅蓝 □ ABS 浅蓝 □	PLA 其他 □ ABS 其他 □
浮雕形状	单一平面 □ 四棱柱面 □	圆柱形 □ 其他 □	圆球形 □	弧曲面 □
需要改进的地方和不足	照片选取不当 □ 切片参数设置不合理 □ 打印尺寸不合理 □		材料及颜色选择不当 □ 形状选择不合理 □	
作品制作流程及关键参数				
作品后期优化设想				

任务评价

评价方式	评语及建议
自评	请展示并介绍自己制作的浮雕作品,交流制作的经验和感受
组评	对被展示作品进行评价,指出作品的优点以及尚可改进的地方
师评	鼓励学生对问题的解决提出不同的方案,引导学生从多角度评价,善于捕捉学生作品的亮点加以表扬

任务三 社交礼仪

任务引入

学习社交礼仪是适应现代信息社会的需要。现代信息社会飞速发展的传播沟通技术和手段日益改变着人们传统的交往观念和交往行为,尤其是人们交往的范围已逐步从人际沟通扩展为大范围的公众沟通,从面对面的近距离沟通发展到了不见面的远程沟通,从慢节奏、低频率的沟通变为了快节奏、高频率的沟通。这种现代信息社会的人际沟通的变化对人类社交礼仪的内容和方式均提出了更高要求。如何在这种沟通的条件下实现有礼有节的交往,去实现创造"人和"的境界,就是学习礼仪的重大意义。

知识链接

在社会活动中,交谈讲究礼仪可以使你变得得体;举止讲究礼仪可以使你变得高雅;穿着讲究礼仪可以使你变得大方;行为讲究礼仪可以使你变得美好。礼仪让人懂得如何称呼、介绍和问候;懂得如何着装、怎样待客、得体地对待赞美与批评;还让人懂得如何同各种文化背景的人打交道,在各种场合游刃有余、充满自信地与人交往。礼仪是人与人交往相互留下的第一印象。

在中国有一句话叫:"你的形象价值百万!"

思考:这句话有道理吗?为什么社交礼仪这么重要?

一、社交礼仪概述

1. 社交礼仪的含义和特点

社交礼仪是指人们在一般性的、日常性的交际应酬中应遵循的礼仪。社交礼仪作为人际交往中约定俗成的互相尊重和表示友好的做法,具有其自身的特点。这里涉及的礼仪是指我们中国人约定俗成的、共同遵守的社会规范。

（1）**普遍性** 社交礼仪涉及面广,人与人只要进行社交活动就会用得到。例如,与人交流时要用尊称,交往过程中要求坐有坐相,站有站相,笑中有序,闹中有品。

（2）**技巧性** 人际交往中应该怎么做和不应该怎么做是有一定的规范和原则的。

（3）**继承性** 我国素有"礼仪之邦"之称,现代礼仪是对我国古代礼仪的继承和发展。

（4）**时效性** 社交礼仪存在空间差异,同时还有时间差异。因此,社交礼仪是因人、因时、因地而异的。

2. 社交礼仪的原则

社交礼仪应该遵循的原则如下。

（1）**平等适度** 平等意味着在人际交往中要处处时时平等谦虚待人,做到一视同仁,不厚此薄彼,不区别待遇。适度就是要注意技巧、合乎规范,做到把握分寸、认真得体、恰如其分。

（2）**真诚尊重** 真诚就是在人际交往过程中待人以诚、言行一致、表里如一,这样才能向交往对象表达友好与尊重,才能更好地被其理解和接受。切记古人训:"骗人一次,终身无友。"尊重包括尊重他人和尊重自己。在人际交往中,与交往对象既要相互谦让、相互尊敬、友好相待、和睦共处,更要将对交往对象的重视、恭敬和友好放在第一位。

（3）**自信自律** 在人际交往中,只有做到自信才能不卑不亢、落落大方,遇强者不自惭,遇磨难不气馁,遇侮辱敢于挺身反击,遇弱者会伸出援助之手。自律就是自我要求、自我约束、自我控制、自我反省、自我检点。古人云:"己所不欲,勿施于人。"在交往活动中要慎独与克己。

（4）**谦和宽容** 在社交活动中,谦和表现为谦虚和善、平易近人、热情大方,乐于听取别人的意见,有虚怀若谷的胸襟;宽容就是宽以待人,能容忍、体谅、理解他人,而不是求全责备、斤斤计较、过分苛求、咄咄逼人。谦和宽容的交际者会有很强的人格魅力。

二、常用的社交礼仪

礼仪的内容涵盖社会生活的各个方面，从内容上看有仪容、举止、表情、服饰、谈吐、待人接物等，从对象上看有个人礼仪、公共场所礼仪、待客与做客礼仪、餐桌礼仪、馈赠礼仪、文明交往等。在人际交往过程中的行为规范称为礼节，礼仪在言语动作上的表现称为礼貌。接下来，我们将以日常的生活为切入点，进行常用社交礼仪的讲解。

1. 关于"衣"

俗话说："人靠衣装马靠鞍。"在社交中，着装有一定原则，特定的场合、特定的身份、特定的要求，需要穿特定的服装。

（1）**着装整洁**　古语说："衣贵洁，不贵华。"着装干净、整齐能给人衣冠楚楚、庄重大方之感，也能恰到好处地表现自尊和对他人的尊重。

（2）**彰显个性**　每个人都有自己的个性，就如同世界上没有完全相同的两片树叶。着装不仅要照顾自身的特点，还应创造并保持自己独有的风格。

（3）**整体和谐**　服装各个部分的色彩、款式和质地要相互适应，展示着装的整体美、全局美。此外，还要遵守服装本身约定俗成的搭配，如西装配皮鞋。

（4）**文明大方**　文明着装符合社会的道德传统和常规做法，忌穿过露、过透、过短、过紧的服装。

（5）**TPO 原则**　TPO 是英文单词 Time（时间）、Place（地点）、Object（目的）的缩写，即指着装应当兼顾时间、地点、目的，力求达到和谐得体。

2. 关于"吃"

（1）**中餐礼仪**

1）席位安排。在中餐礼仪中，席位的排列关系到来宾的身份与主人所给予对方的礼遇，因此要予以重视。关于桌次的排列，如果有两桌或两桌以上的宴请，排列桌次应以"面门为上，以近为大，居中为尊，以右为尊"为原则，其他桌次按照离主桌"近为主、远为次；右为主、左为次"的原则安排。

宴请时，每张餐桌上的具体位次也有差别，并且每张餐桌上安排的用餐人数应限于十人以内，最好是双数。另外应注意宴会时桌上位次的尊卑，根据离主人的远近而定，以近为上，以远为下。便餐时，桌上的位次应遵循右高左低、居中为尊、面门为上的原则。

2）餐具的使用。

① 筷子。筷子是中餐最主要的餐具，其主要功能是夹取食物，不要任意摆放。

② 勺子。勺子是用来舀取菜肴和食物的餐具。有时，用筷子取食时，也可以用勺子来辅助。用勺子取食物后，要立即食用或放在自己碟子里，不要再把它倒回原处。暂时不用勺子时，应放在自己的碟子上。

③ 食碟。食碟是用来暂放从公用的菜盘里取来享用的菜肴的。不吃的残渣、骨、刺等应轻轻取放在食碟前端。如果食碟放满了，可以请服务员更换。

④ 杯子。杯子主要用来盛放清水、酒、饮料。

女士喝茶时用双手，右手拿杯，左手扶着杯底。需要注意，玻璃杯装冷水或饮料，瓷杯装热茶或热水。

若是吃中餐，用高脚杯喝葡萄酒时，敬酒时只用单手举杯。

若用小酒杯喝白酒，给长辈敬酒时，应右手举杯，左手扶着杯底。

3）转台上取菜时的礼节。

① 菜端到桌上开盘由主宾开始。

② 每人夹取菜后，要将台上的菜转到邻座的正前面。

③ 无人夹菜时方可转转台，有人转转台时不要拦截夹菜。

④ 距离远的菜用转台转来，不可伸手取菜。

⑤ 取公盘上的菜时，要用公用筷、勺从边缘开始取。

（2）西餐礼仪

1）西餐大餐。西餐大餐讲究每一道菜都要用专门的刀叉。刀叉一般由侍者放好，只需依次分别从盘子两边由外侧向内侧取用即可。正规西餐最后要吃一道甜点，吃甜点的刀叉一般被放置在用餐者面前餐盘的正前方。

2）普通西餐。

① 英国式，始终右手持刀，左手持叉，一边切割，一边叉而食之。该种方式较文雅。

② 美国式，先右手持刀、左手持叉，把餐盘里要吃的东西全部切割好，然后把右手里的刀斜放在餐盘前方，将叉换到右手叉取食物吃。

不论采用以上哪种方式，都应注意以下几点：切割食物时不要发出声音；将食物切成一口大小，小口就餐（不能一口一口咬着吃）；吃食物时用叉，不能用刀扎着吃（刀只用来切割）。

刀叉的暗示：如未吃完，只是暂时放下或与人攀谈时，应左叉右刀呈"八"字形摆放在餐盘上，而且是刀口向内、叉齿向下，表示尚未用毕；如果不想再吃，则可以左叉右刀并排纵放在餐盘上，而且是刀口向内，叉齿向上，示意服务人员可以连盘子整个收走。

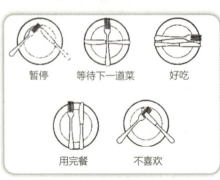

刀叉的暗示

（3）咖啡礼仪　喝咖啡的汤匙只用来加糖和搅拌，搅匀后，应把汤匙放在碟子外边，不能把其留在杯内用来喝咖啡。咖啡太热时，不能用嘴吹。

3.关于"行"

随着生活节奏的加快，人们出行的次数、距离较以前大大增加了。出行除自己驾车外，大多数情况下是乘坐汽车、火车、轮船、飞机等，这样有节省体力、方便舒适、快速省时等优势。无论搭乘何种交通工具，人们都需要遵守具体的乘客行为规范，做到有风度、以礼待人。

1）座次。较为正式的场合，乘坐轿车时一定要分清座次，并坐在合适的座位上。以轿车座次为例，从礼仪上讲，主要取决于轿车的驾驶人。

轿车的驾驶人一般分为两种：一是主人，即轿车的拥有者；二是专职驾驶员。轿车多为双排五人座与三排七人座（中排为折叠座），以下分别介绍驾驶者不同时车上座次的差异。

由主人亲自驾驶轿车时，一般前排座为上，后排座为下；以右为尊，以左为卑。由专职驾驶员驾驶轿车时，通常仍讲究右尊左卑，但座次变化为后排为上，前排为下。客观上讲，轿车的后排座比前排座要安全得多。当主人亲自开车时，之所以以副驾驶座为上座，一是为了表示对主人的尊重，二是为了显示与之同舟共济。

2）上下车的顺序。上下车的顺序是有礼可循的，基本要求是：倘若条件允许，需请尊长、女士、来宾先上车、后下车。

3）乘坐轿车的举止。上下轿车时，要井然有序，在车内要讲究卫生，不要与驾车人员长谈，不能让其使用电话或看书刊，以防发生交通事故。

4）乘坐公共汽车时应自觉遵守以下规则：排队候车，先下后上，让妇女、老人和孩子先上车；上车立即购票或刷卡；主动给老人、病人、残疾人、孕妇和带小孩的乘客让座；在车内要举止文明。

▶ 任务实施

以小组为单位模拟运用常用社交礼仪，每组在完成实训任务时设置不低于五处常见社交礼仪错误，由其他小组找出并点评。

社交礼仪任务工作页

选择的社交礼仪运用	衣 □	食 □	行 □
需要改进的地方和不足	沟通较少 □　　组内成员礼仪知识掌握不牢固 □ 出现设置环节之外的礼仪错误 □		

任务评价

评价方式	评语及建议
自评	请根据自己参与社交礼仪的实训操作，谈谈自己的经验和感受
组评	对组员在社交礼仪环节中的表现进行评价，提出自己的建议
师评	引导学生深刻反思和体会本次社交礼仪运用过程的所思所想，从多角度评价学生的表现，并对其进行指导和鼓励

拓展任务

汽车已经成为日常重要的交通工具，正确、按时维护、保养汽车，对保证汽车处于安全良好的技术状态、延长汽车的使用寿命具有重要意义。而按期更换机油和机油滤清器是汽车维护保养的一项重要内容，也是一门重要、实用的专业技能。请你在售后服务站师傅的监督指导下，对自家需要保养的汽车进行一次标准的更换机油和机油滤清器的操作。

超级推荐

《劳动花开》，是我国 1952 年上映的电影，由陈鲤庭导演，魏鹤龄、蓝马、中叔皇、张翼、上官云珠等主演。电影讲述了这样一个故事，解放初期，由于帝国主义的经济封锁，上海市公共交通公司的大量汽车缺少汽油，面临停驶。公司党组织号召大家发明创造，用其他燃料代替汽油，并要求学识和经验丰富的张工程师设计白煤车。当时，大家提出许多建议，张工程师心中存有疑虑，认为烧白煤比用汽油麻烦，即使白煤车设计成功，也不易受到领导和群众的重视和推广。王支书和公司军代表老赵鼓励张工程师，王支书还亲自去做张工程师的帮手，经过多次试验，很快就将白煤车设计出来了。但初次试车失败了，张工程师很失望，决定停止试验。他的爱人和何部长都积极地鼓励他。技工老郭帮他找出了炉子的毛病，张工程师深受感动，重新鼓足了勇气，经过五次修改以后，白煤车终于制造成功了，不但解决了燃料不足的问题，而且降低了成本。经大量改装使用白煤车后，迅速扭转了公司的亏损。

项目八　企业生产劳动
Project Eight

➔ 教学目标

知识目标： 知道7S的起源、推行的目的；掌握7S的内容、实施步骤及推进原则；了解商品包装的概念、功能等基础知识；掌握包装合理化的内涵；了解商品包装的装潢设计原则。

技能目标： 能对学习环境、生活环境实施7S管理；通过实践，对商品包装装潢进行设计；能够运用所学知识，对商品销售包装进行初步评价。

素养目标： 通过实践活动，提高学生保护环境的意识，使其养成良好的卫生习惯；培养学生的团队合作精神及认真细致的工作态度。

项目描述

21世纪，企业之间的竞争，是产品的竞争，也是企业文化的竞争。影响产品竞争力的因素很多，产品的包装是其中之一。若产品在包装方面建立优势，可助其在市场上占据不可忽视的地位。企业文化是企业综合实力的体现，是推动企业发展的不竭动力。

本项目设置7S现场管理、商品包装两个任务。通过实施7S管理活动和礼品包装活动，带领学生感受优秀企业文化的内涵，培养学生重视细节，培养其勤俭节约的品质，养成凡事认真负责、自觉维护工作环境整洁明了及文明礼貌的习惯。

教学场地： 本项目两个任务在教学实施中建议在教学教室完成。

课时建议： 6课时。

任务一　7S现场管理

任务引入

下方左图中的管道系统有许多阀门，但没有任何标识，每个阀门的作用、开关顺序全部靠人工记忆，谁能保证高效率、完美无缺地正确操作呢？

下方右图中的管道系统阀门名称都做了标识，其用途一目了然，降低了操作失误的概率，提高了工作效率。

从上图中可以看出，简单、明了的管理方法便于工人掌握和操作，有助于又快又准地完成工作。对于制造型企业来说，7S 管理是一种最基本、最简单、最有效的现场管理方法。

▶ **知识链接**

7S 管理是对生产现场的人员、机器、材料、方法等生产要素进行有效的管理，维持公司优雅的生产和办公环境，以及良好的工作秩序和严明的工作纪律；提高工作效率；生产高质量、精密化产品；减少浪费；节约物料成本和时间成本。

一、7S 管理的起源和效能

1. 7S 管理的起源

5S 管理起源于日本，是指在生产现场对人员、机器、材料、方法、信息等生产要素进行有效管理，这是日本企业独有的管理办法。因为整理、整顿、清扫、清洁、素养是日语外来词，在罗马文拼写中，第一个字母都为 S，所以日本人称之为 5S 管理。近年来，随着人们对这一管理办法的认识不断深入，慎重考虑这些观点后，又添加了"安全"和"节约"，即为 7S 管理。

2. 7S 管理的效能

推行 7S，目的在于创造良好的工作环境和提高员工的整体素质。7S 管理的效能表现在以下八个方面：亏损为零、不良为零、浪费为零、故障为零、切换产品时间为零、事故为零、投诉为零、缺勤为零。

二、7S 管理的基本知识

1. 7S 管理的具体内容、具体含义及目的

具体内容	具体含义	目的
整理（Seiri）	将工作场所任何东西区分为有必要的与不必要的；不必要的东西应尽快处理掉	腾出空间，空间活用；防止误用、误送；塑造清爽的工作场所
整顿（Seiton）	能在30秒内找到要找的东西；整理后留在现场的必要物品分门别类放置，排列整齐	工作场所一目了然；节省找寻物品的时间；消除过多的积压物品
清扫（Seiso）	将工作场所清扫干净，岗位和设施保持在无垃圾、无灰尘、干净整洁的状态	消除脏污，保持环境干净、明亮；稳定品质
清洁（Seiketsu）	通过整理、整顿、清扫保持现场整齐、明亮、干净，并通过制度化维持其成果	使整理、整顿和清扫工作成为一种惯例和制度
素养（Shitsuke）	自觉培养文明作风，按规定行事，培养积极主动的精神，养成良好的工作习惯	提升员工的品质，使员工对任何工作都认真
安全（Safety）	树立自保、互保安全意识，时刻都秉持安全第一的观念，排查确认不安全因素，防患于未然，按章作业，遵守工作纪律，确保人的安全和设备正常运行	杜绝安全事故、规范操作、确保产品质量，保障员工的人身安全，保证生产连续、安全、正常地进行，同时减少因安全事故而造成的经济损失
节约（Save）	对时间、空间、能源等方面合理利用，以发挥它们的最大效能，从而创造一个高效率的、物尽其用的工作场所	以自己就是主人的心态对待企业的资源，物尽其用，切勿随意丢弃；丢弃前要思考其剩余的使用价值

2. 7S 之间的关系

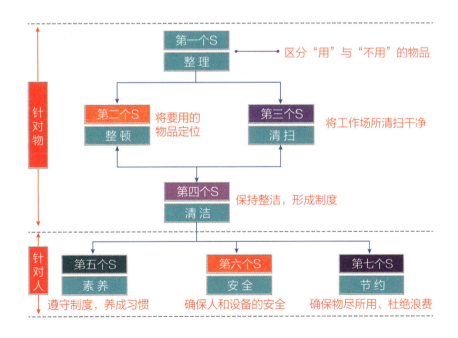

3. 7S 的具体实施步骤

（1）**整理**　整理推行的要领包括：①全面检查工作场所，包括看得到和看不到的位置；②制定"要"和"不要"的判别基准；③不要的物品进行清除；④要的物品调查使用频度，决定日常用量；⑤每日自我检查因为不整理而产生的浪费。

推进整理的步骤具体如下：

第一步：现场检查。

第二步：区分必需品和非必需品。

第三步：清理非必需品。

第四步：非必需品的处理。

第五步：每天循环整理。

（2）**整顿**　整顿推行的要领包括：①前一步骤整理的工作要落实；②需要的物品明确放置场所；③摆放整齐、有条不紊；④底板划线定位；⑤场所、物品标识；⑥制定废弃物处理办法。

推进整顿的步骤具体如下：

第一步：落实前一步骤的整理工作。

第二步：对需要的物品进行分类。

第三步：进行定置管理。

第四步：实施。

（3）**清扫**　清扫推行的要领包括：①建立清扫责任区；②开始一次全公司的大扫除；③每个地方清理干净；④调查污染源并予以杜绝和隔离，建立清扫基准。

清扫推进的步骤具体如下：

第一步：准备工作。

第二步：清扫工作场所和设备。

第三步：分析污染源。

第四步：解决产生污染源的根本原因。

第五步：制定清扫的标准。

第六步：落实区域责任制。

（4）**清洁**　清洁推行的要领包括：①落实前 3S 工作；②制定目视管理的基准；③制定 7S 实施办法及检查方法；④制定奖惩制度，加强执行；⑤高层管理带头巡查，带动全员重视 7S 活动。

清洁推行的具体步骤如下：

第一步：深刻理领会前 3S 的含义。

第二步：整理自我检查/抽查。

第三步：整顿自我检查/抽查。

第四步：清扫自我检查/抽查。

第五步：7S 管理工作制度化。

项目	整理	整顿	清扫
没有进行 3S ↓ 将 3S 习惯化 ↓ 将 3S 制度化	必需品和非必需品混放	找不到必需品	工作场所到处都是脏污、灰垢
	处理非必需品	用完的物品放回原处	清扫脏污
	不产生非必需品的机制	取放方便的机制	不会脏污的机制

（5）**素养** 素养推行的要领包括：①强调人员自觉意识，培养良好习惯；②让规章制度深入人心；③开展各种精神和素质提升活动。

素养推行的具体步骤如下：

第一步：制定各种规章制度。

第二步：学习各种规章制度。

第三步：遵守各种规章制度。

第四步：开展各种有益活动。

第五步：每天自我检查。

（6）**安全** 安全推行的要领包括：①建立系统的安全管理体制；②重视员工的教育培训；③现场巡视，排除隐患；④创造明快、有序、安全的作业环境。

安全推行的具体步骤如下：

第一步：树立安全管理意识。

第二步：三级安全管理培训教育。

第三步：现场安全管理。

第四步：安全改善措施。

（7）**节约** 节约推行的要领包括：①能用的东西尽可能利用，时间计划、空间规划、能源利用是否合理；②以自己就是主人的心态对待企业的资源，积极主动地关心和爱护公司财物；③切勿随意丢弃，丢弃前要思考其剩余使用价值。

三、7S 管理应用方法和实施原则

1. 7S 管理应用方法

序号	方法	说明	图例
1	定位法	将需要的东西放在固定、合适的位置，以便取用方便	

（续）

序号	方法	说明	图例
2	标示法	将场所、物品等用醒目的字体表示出来	
3	分区法	采用画线的方式表示不同性质的区域	
4	图形法	用大众都能识别的图形表示，能便捷地区分	
5	颜色法	用不同的颜色表示差异，以达到区分效果	
6	方向法	用方向杆或指示牌指示行动的方向	
7	影绘法/痕迹法	将物品的形状画在要放物品的地方，如工具的放置板	
8	透明法	公用物品要开放，以便让其他人了解其中的东西与状态	
9	监察法	能随时注意生产的动向	

2. 7S 管理实施原则

（1）**效率化原则** 7S 管理要便于操作者操作。推行 7S 管理工作必须把选择的位置能否提高工作效率作为先决条件。

（2）**持久性原则** 所谓持久性原则，就是在 7S 管理整顿环节思考如何拿取更加人性化、更加便于遵守和维持的原则。

（3）**人性化原则**　这里所讲的人性化原则，其实就是通过 7S 的实施和推行来进一步提高人的素养。人是 7S 现场管理中诸要素的核心，在推行过程中，所制定的标准流程都是由人来完善的，而所有步骤的进行都要充分考虑人的因素。

▶ 任务实施

针对自己所在的班组，结合今天所学内容，对自己所在的工作现场重新进行整理、整顿、清扫、清洁、素养、安全、节约的 7S 管理活动。

1）教学场地：班级教室。
2）活动时间：一个星期。
3）活动要求：设立 7S 管理小组，活动完成之后由老师和 7S 管理小组进行检查。

教室 7S 管理活动工作页

7S 管理	活动内容		
整理	范围	必需品	非必需品
	课桌		
	教室		
整顿	需要的物品明确放置场所，并画出示意图		
	废弃物处理办法		
清扫			
清洁			
素养			
安全			
节约			

教室 7S 管理检查表

项目	检查内容	配分	得分	备注
整理 （15分）	课桌上是否存在与学习无关的物品	3		
	讲台上是否存在非必需品	3		
	卫生工具是否都能正常使用	3		
	是否存在未经许可的教室装饰物品	2		
	是否存在多余的桌椅	2		
	是否存在生活废弃物品或垃圾	2		

（续）

项目	检查内容	配分	得分	备注
整顿 （20分）	教室内的桌椅、讲台、扫除用具等设备是否分类摆放整齐，并做好了标识	4		
	桌洞里的学习用品是否分门别类并摆放整齐	4		
	离开教室后，椅子需置于课桌下左右居中，靠椅紧贴课桌，桌面不能放置其他物品	3		
	电源开关是否有标识，各种电线、配线等是否整齐并埋进了线槽	3		
	讲台物品是否摆放整齐	2		
	教室墙上栏目的位置与内容摆放位置是否合理	2		
	教室内班训、奖状、通知等张贴得是否整齐、美观	2		
清扫 （12分）	地面、桌面是否杂乱	2		
	垃圾桶是否常清理	2		
	电源线、配线是否杂乱	3		
	墙壁、玻璃是否保持干净	3		
	每节课后是否及时清理黑板	2		
清洁 （20分）	风扇、空调是否保持干净	2		
	地面、桌面是否存在纸屑、果壳等垃圾	2		
	课桌内是否有非必需品	2		
	桌面无乱涂乱画	2		
	上课时，只放与本节课相关的书本、文具	2		
	下课时桌面是否整洁	2		
	墙面、门板是否有球印、脚印、蜘蛛网	2		
	电源开关面板是否有污渍	2		
	张贴栏是否整齐	2		
	讲台物品是否摆放整齐	2		
素养 （16分）	教室内物品是否摆放整齐、有规律	3		
	班级制度是否健全，职责是否明确	3		
	是否有爱护公物意识	2		
	是否养成了良好的行为习惯	2		
	学生着装是否整齐	2		
	课下不喧哗打闹，上课不迟到早退，不看手机，不睡觉	2		
	见到老师主动问好	2		
安全 （10分）	班级设施、电器设备等是否完好	2		
	学生不得在教室私接电线、插座、使用大功率的电器等	2		
	学生不得在教室内打闹、不能向窗外抛丢任何物件，不得沿楼梯扶手滑下	3		
	最后离开教室的人要关好窗、锁好门	3		
节约 （7分）	爱护公物，不能恶意损坏	2		
	所有物品需物尽其用，避免浪费	2		
	电器设备用完后要及时关掉，离校前必须切断电源	3		

任务评价

评价方式	评语及建议
自评	关于物品的整理与整顿，交流经验和感受
组评	对本次活动进行总结，查缺补漏
师评	对本次活动给予评价，表扬优秀，鼓励先进，指出不合理之处并给出改进方案

任务二 商品包装

任务引入

2003年2月，张裕集团宣布推出中国葡萄酒的全新营销模式——"整桶订购"，每桶装酒量相当于300瓶750毫升的瓶装酒，一橡木桶葡萄酒售价高达人民币8万元。几乎与此同时，新天国际经贸股份有限公司宣布推出当时国际上最流行的利乐包葡萄酒，售价为每盒10元。

如何评价葡萄酒销售包装的这"一大"与"一小"的设计呢？在商品包装中，如何进行合理化设计能使其既符合实际条件，又满足消费者需求，从而实现最佳的经济效益和社会效益呢？

知识链接

在我国《包装术语 第一部分：基础》（GB/T 4122.1—2008）中，对包装下了明确的定义："为在流通过程中保护产品，方便储运，促进销售，按一定技术方法而采用的容器、材料及辅助物等的总体名称。"也指，"为了达到上述目的而采用容器、材料和辅助物的过程中施加一定方法等的操作活动"。

从实体构成来看，任何一个商品包装都是采用一定的包装材料，通过一定的技术方法制造的，都具有各自独特的结构、造型和外观装潢。因此，包装材料、包装技法、包装结构造型和表面装潢是构成包装实体的四大要素。

一、商品包装的功能及分类

1. 商品包装的功能

序号	功能	说明
1	保护功能	保护功能是包装的基本功能,包装具有使内装物不被损坏、不丢失的功能
2	便于商品流通	包装完整的商品便于计数、计量、清点验收,包装合理可加速商品流转,提高商品流通的经济效益
3	美化商品,促进销售	精美的包装可起到美化、宣传商品的作用,从而提高市场竞争力
4	方便消费	包装上的绘图、商标和文字说明等起着方便与指导消费的作用
5	节约费用	合理的包装可以使零散的商品以一定数量的形式集成,从而大大提高装载容量并方便装卸运输,可以节省运输费、仓储费等费用支出

2. 商品包装的分类

商品包装种类繁多,根据不同的分类方法可分为不同的类型。通常,按照包装在流通中的作用可分为:运输包装和销售包装。

运输包装

销售包装

按照包装材料分为:纸板类、塑料类、玻璃类、木材类、复合材料类、陶瓷类、纺织品类、其他材料类等包装。

按包装技术方法分为:防潮包装、压缩包装、充气包装等。

二、商品包装的要求及材料

1. 包装合理化要求

商品包装合理化是包装作用能否正常发挥的前提条件。合理的商品包装是随商品流通环境的变化、包装技术的进步而不断改进和发展的。包装既要符合国情,又要满足消费者需要,并取得最佳的经济效益和社会效益。

一般而言,合理的商品包装,应符合以下要求:①商品包装应适应商品特性;②商品包装应适应运输条件;③商品包装要"适量、适度";④商品包装应标准化、通用化、系列化;⑤商品包装要做到绿色、环保。

2. 商品包装的材料

包装材料是指用于制造包装容器、包装运输、包装装潢、包装印刷等满足产品包装要求所使用的材料的总称，既包括金属、塑料、玻璃、陶瓷、纸、竹木、野生蘑类、天然纤维、化学纤维、复合材料等主要包装材料，又包括捆扎带、装潢材料、印刷材料等辅助材料。

三、商品包装的技术与方法

商品包装的技术主要是指为了防止商品在流通领域中发生数量损失和质量变化，而采取的抵抗内、外影响质量变化因素的技术措施，又称商品包装防护技法。

常见的包装防护方法包括：①缓冲包装；②防锈包装；③防潮包装；④防霉包装；⑤真空包装与充气包装；⑥贴体包装和收缩包装。

四、商品包装装潢

商品包装装潢是根据商品特性和销售对象，设计包装容器的造型结构，外表画面及文字说明，对商品进行科学的包装并力求装饰和美化，便于商品的运输、储存、市场陈列展销、消费者使用和携带等。

包装装潢设计包括图案、文字与色彩的设计。商品包装装潢的设计原则包括一致性原则、时代性原则、民族性原则和主体性原则。

1. 一致性原则

包装设计必须从内容到形式都建立在为消费者服务的基础上，真实地反映商品质量特征，坚持包装的文字、图案的艺术表现与商品质量特征的一致性原则。

2. 时代性原则

包装装潢设计要适应现代化生产和现代化生活方式的需要，体现时代风貌、时代风格和艺术特性。

3. 民族性原则

商品包装装潢要反映和表现民族文化特色。包装装潢要按照商品销售地的民族风俗、风土人情进行设计与构思，突出地方特色，表现时代风貌。

4. 主体性原则

商品包装装潢必须以产品为先导，以产品的形体结构、品质特征、功能作用、保管使用方法和销售目的作为创作设计基础，采用艺术手法表现商品的使用价值。

任务实施

随着时代的发展,人们对礼品的包装越来越重视。给礼品穿上精美的外套更显得礼品珍贵,也更能表达主人的一片心意和美好情感。一位年轻的妈妈给她六岁的儿子准备了一套《中国少年儿童百科全书》作为新年礼物,为了使礼物看上去更漂亮,她想把礼品包装一下,请同学们开动脑筋,为这位年轻的妈妈解决这个问题。

1)教学场地:班级教室。

2)准备材料:丝带、彩布、皱纹纸、包装纸、彩笔、剪刀、美工刀、透明胶带、双面胶、长方形礼品盒。

3)操作要求:3~5名同学一组,自主设计、合作创作出自己的包装礼盒。要求表面看不见包装纸的接缝和粘胶纸,棱角分明、彩带配置得当、设计新颖、富有美感,彩带配置不松散,彩带饰品黏合不脱落。

4)操作步骤。

① 裁纸。

② 将长方形礼盒摆放在包装纸中,两头对称,一边和礼盒边对齐,拉紧后松开;把另一边用单面胶固定,把松开的一边贴上双面胶拉紧后贴在礼盒上。

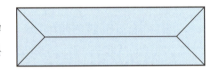

③ 折叠两头。将两头折叠成如图所示形状,一定要上包下,有贴缝的一面朝下。

④ 做装饰。

5)小组自荐作品,并接受师生鉴赏点评。

6)小组根据师生的点评、讨论进一步完善作品。

7)评选"最合理包装礼盒"。

商品包装工作页

礼盒设计思路	
选择的材料	丝带 □　　彩布 □　　皱纹纸 □　　包装纸 □ 彩笔 □　　剪刀 □　　美工刀 □　　透明胶带 □ 双面胶 □　　长方形礼盒 □　　圆形礼盒 □
采用的装饰形式	丝带 □　　皱纹纸 □　　彩笔 □
需要改进的地方和不足	主题不明确 □　　和礼物不匹配 □ 过度包装 □　　色彩不鲜明 □　　其他 □
作品推荐语	
作品名称及祝福语	

安全小提示：

1）进入教室，应着装合理，请不要带与教学无关的物品入内。
2）听从教师统一安排，按步骤操作，不准擅自操作处理。
3）不喧哗、吵闹，不随意走动。禁止挥舞剪刀、丝带等。
4）操作时产生的垃圾要及时归类处理，以保证良好的操作环境。
5）操作完毕后，请及时整理废弃物品，做好室内卫生。

任务评价

礼品包装设计评价表

评价内容	考核要求	分值	自评	互评
基本概念掌握情况	达到包装设计的基本要求，满足礼品的作用和定位	10		
工具运用	包装设计中文字图片以及色彩运用合理	10		
行业规范	构图美观，色彩搭配和谐，切合设计主题，图形运用恰当，能突出主题思想	30		
信息处理、语言表达	能根据任务要求搜集和整理相关资料，并对资料进行有效分析，能将自己的作品设计构思用语言表达出来，条理清晰	20		
工作态度	能在规定时间完成任务，对作品有追求完美的态度，能反复修改方案，达到自己的最高水平	10		
行为习惯养成	能按要求准时参加集体活动，执行 7S 管理标准	10		
企业认可度	作品展示时行业专家对综合应用的整体评价	10		
合计		100		

学生总结：（制作工艺、操作熟练程度等方面）

教师总体评价和建议：

拓展任务

舒适的环境能让人心情愉悦。创造良好环境，调节自我心情，才能开心度过每一天。请同学们根据教室 7S 管理检查表拟定一份宿舍 7S 管理检查表，并根据检查表的内容对宿舍进行 7S 管理活动。

1. 谈一谈，在 7S 管理活动中，哪一个 S 是比较难达成的？
_____
_____

2. 在 7S 管理活动中，有哪些感想？
_____
_____

超级推荐

1.《极简包装》，作者克里斯·黄，2019 年 6 月广西师范大学出版社出版。该书借助国内外众多优秀案例，全方位展示了极简包装的设计亮点。

2.《产品包装设计案例教程》，作者黄毅英，2017 年 4 月电子工业出版社出版。该书通过案例分析与制作，帮助读者快速掌握产品包装设计的技术与方法。

3.《创意盒子——包装结构解剖书》，作者善本出版有限公司，2019 年 8 月华中科技大学出版社出版。该书主要介绍纸盒式包装设计与制作。

项目九　社会服务劳动
Project Nine

🢂 教学目标

知识目标：了解社会服务劳动的知识：社会调查、公益劳动、志愿服务的内容。
技能目标：掌握社会调查、公益劳动、志愿服务的方法。
素养目标：通过开展社会调查、公益劳动、志愿服务等活动，帮助学生树立强烈的社会责任感和助人为乐、无私奉献的观念，培养学生不畏艰难、百折不挠、敢于担当的品质。

📢 项目描述

学校不止于校园，学习不止于教师，社会是最好的学校和老师。让学生通过参加社会服务劳动来提升自己，树立正确的世界观、人生观、价值观。本项目设置社会调查、公益劳动、志愿服务三个任务，通过社会服务劳动，让学生丰富社会阅历，推动全面发展，从而提升学生综合素质。

教学场地：本项目三个任务在教学实施中建议分别在校园、敬老院、学院周边完成。
课时建议：6课时。

任务一　社会调查

📢 任务引入

为培养学生的社会调查能力，提升学生的社会实践水平，让学生在实践中得到锻炼和提升，实现学以致用、用以促学、学用相长，近日，某学校组织近300名同学开展离校交通方式调查活动。

此次活动分别对学生选择的公交车、长途客车、火车等出行方式进行调查。参与调查的同学在指导老师的带领下，每天早上8:00准时集合出发，奔赴各公交站点、长途汽车站、火车站，记录各站点的乘客人数、问询乘客出行起止点、各时间段的客流量等信息，并填写在相应的表格内。同学们调查时统一佩戴工作牌，按时到岗，积极主动、认真负责，保质保量地圆满完成了各项调查任务。

知识链接

社会调查是指人们为达到一定目的而有意识地通过对社会现象的考察、了解和分析、研究，来了解社会真实情况的一种自觉认识活动。它包含以下四层意思：①社会调查是一种自觉认识活动；②社会调查的对象是社会现象；③社会调查要使用一定的方法；④社会调查有一定目的。学生通过开展社会调查活动，能有效锻炼自己的交际组织能力、语言文字表达能力以及创新合作能力。开展社会调查的方法，主要包含以下几个方面。

一、查课题

"题好一半文。"如何选题关系到调查研究成功与否以及调查报告质量的高低。选择调查课题要遵循必要性原则、可行性原则和创新性原则。

1）必要性原则，指调查课题所具有的意义或价值，包括理论价值和应用价值，即"值得去做"。

2）可行性原则，指在现有的主、客观条件下去从事这项调查课题行不行得通，即"能不能做"。

3）创新性原则，指要按照新颖、独特和先进的要求选择调查课题。

调查课题可以选择师生普遍关注的热门话题或者自己所学专业中具有前瞻性、探索性的课题等。选题宜小不宜大，切忌选题过于宽泛，要"小题目做大文章"。

二、制定调查方案

制定调查方案要遵循实用性原则，主要包括以下几个方面。

1）调查目标，即通过社会调查要解决什么问题；解决到什么程度；只是一般地了解基本情况，还是要进一步探究因果关系；是做学术性探讨，还是要提出对策性建议；要起到什么样的作用。

2）调查内容，是指为了达到调查目标，要围绕哪些方面去进行调查。

3）调查地域，即社会调查在什么地方进行，在多大的范围内进行。调查地域的选择主要取决于调查课题的客观需要和调查主体的现实可能。例如，校园内、社区中等。

4）调查时间，即社会调查在什么时间进行，需要多长时间完成。

5）调查对象，是指实施现场调查的基本单位及其数量。

6）调查队伍的组织，即调查活动的参与人员有哪些。

三、开展调查活动

开展调查活动要掌握正确的调查方法。调查活动应该灵活多样，根据不同的调查方法要求，可以全组集中进行，亦可分小组进行，以提高调查工作效率。可供采用的调查方法一般有以下几种。

1）听报告。通过听取相关行业专家、学者的报告，掌握某些部门或行业的总体概况，收集一些总量数据。听报告可分组进行，做好记录，同时次数不宜太多，否则，占用过多时间会影响调查进度。

2）开座谈会。即由调查者与被调查者一起进行座谈。

3）专门访问。即由调查小组带着特定问题专门走访调查对象。调查中应注意小组之间的协调，避免出现重复调查的情况。另外，在座谈和走访中，要注意提问的技巧和策略。

4）查阅资料。比较详细和具体的数据资料一般在座谈和走访的过程中不容易得到或者收集不全面，这就要求专门进行资料查阅工作。

5）其他，还可以利用网络转发调查问卷等新形式开展调查活动。

不论采用何种调查方法，每次调查结束后，小组之间、同学之间都要互相通报情况，交流摘录的资料，有利于提高效率，也便于教师进行指导。

四、完成调查报告

调查报告是经过深入细致的调查后，将调查中收集到的材料加以系统整理、分析研究，以书面形式呈现出来的报告。其特点是具有写实性、针对性、逻辑性。调查报告的基本结构包括：标题、导语、主体（调查情况、分析、建议）、总结。同时，撰写调查报告还要注意：一是要确立自己的观点、看法，但必须在尊重事实的基础上进行理性判断；二是要实事求是，不夸张、不隐瞒实情，如实将调查到的情况写出来，注意突出重点，不必面面俱到；三是要客观分析，在掌握的事实基础上分析，揭示其本质、规律；四是要讲求实效，贵在及时。

▶ 任务实施

创建文明城市是时代的呼唤，是社会发展的必然要求，十九大报告为我们当前和今后推进精神文明建设提供了根本遵循。通过创建文明城市，不仅可以提高城市在经济发展中的外部吸引力和竞争力，提高城市的声誉，还可以提高人们的社会满意度和幸福感，鼓励人们维护城市形象，营造城市认同感和自豪感，增强城市的向心力和凝聚力。

文明城市创建离不开市民的广泛参与，只有让市民参与和生活密切相关的城市事务管理，才能汇聚成城市建设和发展取之不尽的力量源泉。请同学们运用所学知识，围绕在校学生群体进行文明城市创建知晓度、参与度、参与方式调研，并认真分析数据。

1）教学场地：班级、校园。

2）操作步骤。

① 根据班级人数划分 4~5 个小组。

② 分别商讨制定出调查方案。

③ 根据调查方案到宿舍楼、各院系班级附近社区进行调查。

④ 汇总调查结果。

⑤ 分析调查结果，提出建议。

⑥ 由带队教师和各小组组长组成考核小组，对调查情况进行打分评定。

社会调查任务工作页

参加人员		调查时间	
调查地点		调查对象	
调查主题			
调查内容			
调查结果			
分析结果			

任务评价

评价方式	活动成效及建议
个人讲述	请讲述参与本次社会调查的感受
小组总结	总结任务完成情况，指出活动中需要改进的地方
教师评价	社会调查活动是学校教育的延伸和拓展，引导学生积极参加社会调查，从而提高他们的思想政治素质、人际沟通能力和知识业务水平

任务二 公益劳动

📢 任务引入

为进一步弘扬和传承雷锋精神，深入贯彻落实习近平总书记提出的绿色发展理念，增强师生保护环境意识，在"植树节"来临之际，山东某技师学院组织师生志愿者赴某社区开展植树节志愿服务活动，为社区增添新绿。

植树活动现场，师生们分工协作，挥锹铲土、扶正树苗、填土回坑、踩实新土，每一道工序都衔接有序、一丝不苟，充分发挥了团结、互助、友爱的精神。经过大家的努力，一棵棵新栽树木昂然挺立，萌发出盎然生机。

通过植树活动，师生们增强了植绿、护绿、爱绿的生态文明意识，用实际行动为共建绿色家园贡献了一份力量。

📢 知识链接

公益劳动是指直接服务于公益事业、不获取报酬的劳动。学校安排劳动技术教育和学生社会实践内容的目的在于培养学生为人民服务、为公众谋利益，推动学生接触社会、深入生活，参加各种社会实践，形成良好的道德风尚。

一、公益劳动的内容

学生参加公益劳动，主要包括校园建设、辅助性教学、志愿活动和部分校内、外公益事务劳动（如助老、帮困、扶孤、社区义务服务等活动）。学生参加公益劳动以不影响教学为前提，从实际情况出发，为学生力所能及的劳动，可以学校、班级、小组或团队为单位进行，亦可个人单独进行。

二、公益劳动的组织实施

1. 明确学校负责机构和人员的职责

技工院校要定期组织开展公益劳动，由学校职能部门进行合理安排，学生工作部门（团委）、各教学院（系）作为公益劳动的具体组织实施部门，按照中共中央、国务院印发的《关于全面加强新时代大中小学劳动教育的意见》制定落实方案，让学生动手实践、出力流汗、接受锻炼、磨炼意志，培养学生正确的劳动价值观和良好的劳动品质。

2. 合理规划，统筹推进

××××学年第××学期第××周公益劳动安排表

劳动部门	联系人	电话	劳动地点	人数	对学生要求	周次	时长	班级	带队教师

1）学校要切实承担劳动教育主体责任，明确学校公益劳动教育要求，科学设置公益劳动时间。要着重引导学生形成马克思主义劳动观，系统学习和掌握必要的劳动技能；要根据学生身体发育情况，科学设计校内外公益劳动项目，采取灵活多样的形式，激发学生劳动的内在需求和动力。统筹安排课内外时间，可采用集中与分散相结合的方式，组织实施好劳动周、劳动月活动，高年级的学生可以适当走向社会、参与集中劳动。

2）要多样化开展公益劳动教育。一要根据实际情况，充分开发、利用学校现有资源，建立校内劳动教育基地。如，学校的绿化区域可以适当用作学生的公益劳动教育基地；在实训场所设立"第二课堂"，作为学生参加生产劳动、服务性劳动的实践场所。劳动教育基地是开展劳动教育的重要实践场所。二要开展丰富多彩的公益劳动教育实践。技工学校要结合劳动节、植树节、学雷锋纪念日、志愿者日等时间节点，组织开展学生生活技能展示活动、社区义务劳动、植树节活动、学雷锋志愿服务活动等，使学生在丰富多彩的实践活动中理解劳动创造价值，培养学生的志愿精神、服务意识和奉献品格。

农用机械维修公益劳动

3. 注重成效，及时反馈

要建立成效反馈机制。针对校内开展的公益劳动，学院相关职能部门要及时对公益劳动开展情况进行反馈，成效好的要提出表扬，成效差的要指出存在的不足。

4. 正面激励，营造氛围

学院相关职能部门要对参加公益劳动的学生进行表扬和激励，实行积分管理制度，营造热爱劳动、尊重劳动的浓厚氛围。

三、加强学生公益劳动宣传教育

1）突出重要节点，增强教育实效。在植树节、学雷锋纪念日、世界卫生日、世界环境日、农民丰收节、国际志愿者日等重点时间节点，开展符合技工院校学生特点、丰富多彩的劳动主题教育活动。积极开展劳动榜样教育，邀请劳动模范、世界技能大赛获奖选手、全国青年岗位能手等爱岗敬业典型、工匠精神代表走进校园，分享成长经历、交流劳动感悟、展示技能技艺，以真实人物、鲜活事迹触动学生。

邀请在抗疫救灾等重大事件中涌现出的先进典型，以及志愿服务先进典型等走进学校，激励并教育广大青年学生争做奉献者。通过举办宣讲会、报告会等活动，大力宣传辛勤劳动、诚实劳动、创造性劳动，以及不畏艰难、百折不挠、敢于担当的典型人物和事迹。

2）创新教育方式，推动入脑入心。注重多渠道地加强宣传引导。技工学校既要用好板报、橱窗、横幅等传统媒体，又要用好微信、微博、短视频等新媒体，大力宣传辛勤劳动、诚实劳动、创造性劳动的典型人物和事迹，营造"热爱劳动、尊重劳动""劳动光荣、创造伟大"的社会风尚。

四、建立公益劳动管理制度

公益劳动是学校教育教学的重要组成部分，学校应将社会实践和公益劳动作为学生的一个必修实践环节列入人才培养方案，建立考核机制。学校组织的公益劳动、院（系）组织的公益劳动、志愿团体组织的公益劳动及班级组织的公益劳动（经上报批准后），均要列入考核范围。各职能部门根据学生参与社会实践和公益劳动的次数以及在活动中的表现，对学生进行综合成绩评定，评选出优、良、及格和不及格四个等级。相关职能部门要选派政治素养高、责任心强的教师，对公益劳动过程进行管理与指导。开展公益劳动应根据自身情况制定相应的计划，积极联系相关单位，计划要求具体化、专业化、书面化。

任务实施

××××××学校××××班准备利用周末到学校附近的敬老院开展公益劳动。

1）活动地点：××××敬老院。

2）活动准备：确定参加人员、出发时间、出行方式、携带物品、划分小组及任务分工、返程时间等。

3）操作步骤：5名同学一组，根据任务分工，保质保量完成。

① 参加人员及人员安排。全班30人参加，分为5个小组，每个小组选出1名组长。

② 出发时间及出行方式。周日上午8:30学校门口集合，统一列队前往。到达时间约8:45。

③ 任务分工及组织实施。由带队老师组织召开小组长会议进行任务分工：一组负责庭院打扫；二组负责桌椅板凳清扫；三组负责收拾老人的床铺；四组负责清洗老人的衣服；五组帮老人梳洗。任务完成时间为上午11:00。

④ 任务考核。由带队老师和各小组长组成考核小组，对各小组任务完成情况进行打分评定。由带队教师进行综合评价。

⑤ 安全返程。上午11:45分集合，列队返程。

公益劳动任务工作页

任务内容	
任务时间	
任务地点	
参加人员及分组	
任务分工及组织实施	一组：
	二组：
	三组：
	四组：
	五组：
服务对象评语	

安全小提示：
1）注意出行安全，听从带队老师和小组长的指挥，统一列队前往。
2）听从小组长统一安排，不准擅自离开。
3）不得大声喧哗、吵闹。
4）对一些易碎物品要轻拿轻放，不能随意破坏。
5）注意用电安全。

任务评价

评价方式	活动成效及建议
个人讲述	请讲述参与本次公益劳动的感受
小组总结	根据任务分工，总结任务完成情况，指出活动中需要改进的地方
教师评价	鼓励学生积极参与公益劳动，引导学生正确认识公益劳动的价值，从公益劳动中引导学生身心健康成长

任务三 志愿服务

任务引入

党中央高度重视志愿服务工作。党的十八大对广泛开展志愿服务活动提出了明确要求。党的十八届三中全会指出，要激发社会组织活力，支持和发展志愿服务组织。2013 年 12 月，习近平总书记给华中农业大学"本禹志愿服务队"回信，肯定他们在服务他人、奉献社会中取得的成绩和进步，勉励他们弘扬志愿精神，为实现中华民族伟大复兴的中国梦做出新的更大贡献。

知识链接

开展青年学生志愿者服务活动，让学生接触社会、服务社会，对发扬中华民族助人为乐的传统美德，推进立德树人，提高学生社会实践能力，增强学生社会责任感，促进学生全面发展具有重要意义。

一、志愿服务概述

志愿服务是每个文明社会不可缺少的一部分。我国的志愿服务活动是随着改革开放而开始发展的。1993年年底，共青团中央开始组织实施中国青年志愿者行动，我国的志愿服务开始进入有组织、有秩序的阶段。中国青年志愿者行动实施以后，志愿服务日益广泛，全社会对志愿服务的认知程度已大大提高。据不完全统计，2008年累计有超过506万名志愿者参与了抗震救灾和灾后重建，170多万名志愿者直接服务了北京奥运会。

志愿服务是指志愿者、志愿服务组织和其他组织自愿、无偿向社会或者他人提供的公益服务。学生志愿服务是指学生不以获得报酬为目的，自愿奉献时间和智力、体力、技能等，帮助他人、服务社会的公益行为。学生志愿服务要遵循自愿、公益原则。学生志愿者在志愿服务过程中要弘扬"奉献、友爱、互助、进步"的志愿精神。

二、志愿服务的范围、功能和程序

1. 志愿服务的范围

志愿服务的范围主要包括：扶贫济困、助老助残、社区服务、生态建设、大型活动、抢险救灾、社会管理、文化建设、西部开发、海外服务等。

2. 志愿服务的功能

志愿服务的功能主要包括：社会动员、社会保障、社会整合、社会教化、促进社会和谐、促进社会进步。开展志愿服务，应当遵循自愿、无偿、平等、诚信、合法的原则，同时，又不得违背社会公德、损害社会公共利益和他人合法权益，不得危害国家安全。

3. 志愿服务的程序

学生开展志愿服务要按照以下程序进行。

1）学生志愿服务负责人向学校工作机构（学生工作处、团委等）提交志愿服务计划等材料。

2）学校工作机构（学生工作处、团委等）进行登记备案，包括进行风险评估、提供物质保障和技能培训等。

3）学生开展志愿服务活动。

4）学校相关部门（学生工作处、团委等）按照规定程序对学生志愿服务进行认定记录。

另外，有条件的学校应实行学生志愿服务网上登记备案和认定记录。

三、志愿服务的意义

某日，山东某技师学院组织青年师生志愿者到敬老院开展学雷锋志愿服务活动。部分教师青年志愿者和青年学生志愿者参加了此次活动。活动中，青年志愿者不仅为老人们送去了生活慰问品，同时还发扬不怕苦、不怕脏、不怕累的精神，为敬老院清理垃圾、清扫地面、整理绿化。

虽是春寒料峭，但整个活动现场暖意融融、情真意切，气氛十分活跃感人，师生们为老人们送去了关心和温暖，老人们在欢声笑语中度过了难忘的时光。

请同学们思考一下，开展志愿服务对你自身、对社会有什么意义？

1）志愿服务是社会主义核心价值体系教育的有力载体。开展志愿服务活动可以帮助学生树立正确的世界观、人生观、价值观，提高学生的思想道德品质，从而加深对社会主义核心价值观的理解和接受，并将其转化为行动上的自觉。

2）志愿服务是素质教育的有效途径。志愿服务活动的开展过程能够提升学生的行动能力、团队合作能力、组织能力，丰富其社会阅历，并推动其全面发展，从而实现学生整体素质的提高。

3）志愿服务是德育教育的重要手段。开展志愿服务，践行"奉献、友爱、互助、进步"的志愿服务精神，能够帮助学生树立强烈的社会责任感以及助人为乐、无私奉献的道德品质。

4）志愿服务是实践教育的重要途径。校园与家庭两点一线的学生对于社会是陌生的，而志愿服务具有丰富的内容和多样的形式，是一种实践与理论相结合的教育方式，是当前学校实践素质教育的重要途径。

任务实施

由于校园周边摆摊的比较多，环境脏乱，请同学们组织开展"清洁家园"志愿服务活动，清理校园周边环境。

1）教学场地：学校周边。
2）准备材料：确定参加人员、准备卫生工具、划分小组及分派任务等。
3）操作步骤。
① 根据班级人数划分小组，5~10人一组。
② 依照打扫安排表分组并指定专人负责。
③ 各组领取打扫工具前往指定工作地点。
④ 分工明确，有序开展打扫工作。
⑤ 打扫完成并进行登记后方可离开。

"清洁家园"志愿服务任务工作页

任务内容	
任务时间	
任务地点	
参加人员及分组	

（续）

任务分工及组织实施	一组：
	二组：
	三组：
	四组：
	五组：
	…
志愿服务情况评语	

安全小提示：
1）参加此项活动的人员必须劳动积极、不怕苦、不怕累，有乐于奉献的精神。
2）活动期间相互合作、相互团结，共同搞好此项活动。
3）每位小组长要负起责任，认真做好组织安排和检查的工作。
4）活动中要认真仔细，一切行动听指挥。
5）活动中要注意安全、量力而行。

任务评价

评价方式	志愿服务活动成效及建议
个人讲述	请讲述参与本次志愿服务活动的感受
小组总结	根据任务分工，总结任务完成情况，指出活动中需要改进的地方
教师评价	鼓励学生积极参与志愿服务活动，帮助学生树立强烈的社会责任感和助人为乐、无私奉献的道德品质

拓展任务

同学们,开展卫生环境专项整治行动必不可少,但卫生环境的治理不能单靠一日之功,还需要建立长效机制。

1. 谈一谈你对校园周边卫生环境的治理与保持有什么行之有效的办法。

_____

_____

2. 拟定一份倡议书,号召更多的同学们参与到校园周边卫生环境的治理中来。

_____

_____

超级推荐

1.《如何掌控自己的时间和生活》,作者阿兰·拉金,刘祥亚译,2008年5月金城出版社出版。

2.《传承与复兴——社会主义核心价值观的中华传统文化解读》,作者钟永圣,2015年1月中国青年出版社出版。

3.《白岩松:行走在爱与恨之间》,作者白岩松,2014年5月北京联合出版公司出版。

劳动考核篇

项目十　考核的目的与意义
项目十一　考核办法

项目十　考核的目的与意义
Project Ten

> **教学目标**
>
> **知识目标：** 掌握劳动考核的目的、原则、内容、意义与方法。
> **技能目标：** 遵照一日常规考核与学期综合考核要求完成各项目劳动任务。
> **素养目标：** 树立劳动意识，养成良好的劳动习惯。

一、考核目的

劳动考核通过制定客观、有效的考核标准，对学生的劳动过程与劳动效果进行评定，以促使学生完成社会角色转换，成为合格的职业人。

1. 检验学生的劳动成果

对学生的劳动进行考核最直接的目的就是检验劳动成果。学生在日常生活劳动、实习实训和校内外公益服务性劳动时，无论体力劳动还是脑力劳动，又或者体力与脑力结合的劳动，都会创造出相应的劳动成果，劳动成果是否达到劳动教育的目的需要通过劳动考核来检验。

2. 树立学生的规则意识

没有规矩，不成方圆。劳动要遵守劳动纪律、劳动的各项具体要求，要端正劳动态度，要注重劳动效果。劳动考核对学生的劳动过程、劳动结果和劳动价值观进行综合、多维、定性与定量相结合的评价，时时处处有规矩。劳动考核分为优秀、良好、合格、不及格四个等级；劳动课程缺勤达到或者大于总课时的 1/3，经报批，要取消该课程的考核考试资格。

3. 提升学生的劳动素养

对日常生活劳动、实习实训和校内外公益服务性劳动的考核，会进一步促使学生形成生活品质意识、安全意识、质量意识、团队意识，以及与之相适应的行为习惯，进而形成正确的劳动观念与劳动精神，使学生的劳动素养得到提升。

4. 实现学校的劳动教育目标

技工学校劳动教育要促进学生由"学校人"向"职业人"的角色转变。遵循考核原则进行的劳动课程考核，有利于学生树立正确的劳动观念，有利于学生形成积极的劳动精神，有利于学生具备必要的劳动能力，有利于学生养成良好的劳动习惯和品质，进而有效促进学校劳动教育目标的实现。

二、考核原则

劳动课程是一门以实操为主的课程，日常生活劳动、实习实训和校内外公益服务性劳动的劳动过程及成果是能够有效掌控并不断改进提升的，因此，劳动考核时要遵循及时有效、公平客观和沟通反馈的原则，以更好地实现劳动教育目标。

1. 及时有效原则

通过对劳动过程与劳动成果进行及时有效的评价与反馈，能更好地激发学生的劳动热情，促使学生改进工作方法，提升劳动效果及效率，从而促进学生劳动观念的形成。

2. 公平客观原则

劳动考核标准对所有学生公开，考核结果对学生本人公开。考核要以劳动结果为依据，综合、多维、定性与定量结合进行，做到公平客观。考核必须严格按照考核标准，实事求是、公平合理地确定考核结果。

3. 沟通反馈原则

在考核结果及时反馈给学生的同时，还要就考核结果听取学生的意见及建议，并找出劳动过程中的优势及不足，以此培养学生正确的劳动价值观及提升学生相应的劳动能力。对考核结果的评价与解释与学生进行有效沟通，进而达到劳动教育的目的。

劳动检查单			
场所	5-303 寝室	日期	2020.12.10
值日人员	张××、李××	检查人员	徐××、王××
劳动考核评价	优	评价人	王××
反馈	优点	桌面干净，摆放整齐，阳台干净，卫生工具整齐内务标准，洗手盆干净整洁	
	待改进	床下物品摆放	
反馈人	王××		
值日代表签字	张××		

三、考核内容

劳动考核是综合的、多维的、定量与定性相结合的，要从学生所持有的劳动态度、所表现出的劳动行为和所产出的劳动成果方面进行考核。

1. 劳动态度考核

学生进行劳动时所秉持的态度是非常重要的，决定着学生会实施怎样的劳动行为，由此能产出怎样的劳动成果。进行劳动态度考核要对学生是否积极主动地参加日常生活劳动、实习实训和校内外公益服务性劳动，是否遵守劳动规则，是否服从劳动安排等方面进行考核。

2. 劳动行为考核

学生的劳动行为彰显着其劳动态度，直接决定了会形成怎样的劳动成果。劳动行为考核对劳动过程中能否遵守劳动纪律，能否正确使用劳动工具，能否与其他人合作，能否按照劳动标准进行等方面进行考核。

3. 劳动成果考核

劳动态度与劳动行为最终体现为劳动成果。考核劳动成果时，要有明确、具体的界定，要依据制定的标准进行考核。

议一议

本次劳动课，我们小组的劳动成果表现了怎样的劳动行为，又体现着怎样的劳动态度？

四、考核的意义

考核是评定，要甄选、分等级、有激励、起作用。技工院校学生的劳动考核结果应作为毕业依据之一和就业的重要参考。学校、教师、学生、企业与社会都应重视劳动考核。

1. 有利于培养学生正确的劳动观念

端正的劳动态度，积极主动、手脑并用地出色完成各项劳动任务，劳动考核结果便会是理想等级；反之，则需要进行不断改进、提升以期达到考核标准与要求。自然而然地，学生就会明白"劳动是成功的必经之路"的道理，进而能够树立劳动最光荣、劳动最崇高、劳动最伟大、劳动最美丽的观念。

2. 有利于激励学生热爱劳动

考核具有激励作用，劳动考核亦是如此。为了在劳动考核中达到优良等级，学生会不断学习、实践、再学习，在此过程中，学生会不断地养成热爱劳动的行为习惯。

3. 有利于指导学生成为一名合格的社会主义建设者和接班人

劳动考核最重要的意义就是教育与引导学生成为一名合格的劳动者。遵循及时有效、公平客观和沟通反馈的考核原则，通过综合的、多维的、定量与定性结合的劳动考核方式，最终把学生培养成一名爱劳动、能劳动、会劳动的合格的社会主义建设者和接班人。

项目十一　考核办法
Project Eleven

劳动考核就劳动结果与劳动过程进行考核，重劳动过程考核。劳动考核应充分考虑出勤、劳动成果、劳动效果、团队合作、德育品格、心得体会、创新实践等各项指标与权重。劳动考核评定等级分为优秀（85分及以上）、良好（75~84分）、合格（60~74分）与不及格（60分以下）四个等级。劳动考核分为"一日常规考核"与"学期劳动综合考核"。

一、一日常规考核

1. 考核内容

一日常规考核就校园学习场所维护和校园生活区域维护进行考核，前者包括教室、实训室和公共卫生区域，后者分为寝室和餐厅。

2. 考核维度

一日常规考核在学生出勤率、学生劳动过程与学生劳动效果三个维度上进行考核。

3. 考核方式

一日常规考核采用他人评定和教师评定相结合的方式。日常活动考核主要由相关学生会成员进行每日检查并做好记录，同时，劳动教师适时进行抽查并做出评定。

 想一想

如果由于自己的原因，小组本次的劳动考核成绩不理想，应如何与其他组员沟通？

考核内容		考核维度			考核方式	
		出勤	劳动过程	劳动效果	他人评定（分值）	教师评定（分值）
校园学习场所维护	教室		爱护清洁工具 会正确使用工具 清洁顺序合理	地面干净无杂物 桌凳整洁 教学设备整齐无灰尘 门窗干净无乱贴、乱画现象 桌面摆放整齐		
	实训室		爱护清洁工具 会正确使用工具 清洁顺序合理	地面干净无杂物 桌凳整洁 实训设备摆放整齐、无灰尘 门窗干净无乱贴、乱画现象		
	公共卫生区域		爱护清洁工具 会正确使用工具 清洁顺序合理	绿化带内无杂物和白色垃圾 走廊整洁无污迹杂物 路面干净无杂物 无卫生死角 设施设备无灰尘和破损		
校园生活区域维护	寝室		爱护清洁工具 会正确使用工具 清洁顺序合理	设施设备无灰尘 地面走廊清洁无污迹 内务整洁 墙面无乱贴、乱涂、乱挂现象		
	餐厅		爱护公共财物 会正确使用工具 清洁顺序合理	服务态度热情；工作效率高 餐具用具及地面和台面整洁 个人仪容仪表及个人卫生整洁 安全操作		

二、学期劳动综合考核

1. 考核内容

学期劳动综合考核就常规考核综合分析、校内外公益服务性劳动和学期劳动综合评价三方面进行考核。

2. 考核维度

学期劳动综合考核在学生劳动态度、学生劳动行为和学生劳动成果三个维度上进行考核。

3. 考核方式

学期劳动综合考核方式分为自我评定、学生互评和教师评定。采用自我评定，学生需要按规范撰写一篇 2000 字左右的个人劳动心得体会并给出自我评定的等级。学生互评采用劳动小组内成员相互评定。

_____学年第_____学期劳动心得体会

年级_____ 班级_____ 姓名_____

自我评定（等级）	

考核内容	考核维度			考核方式		
	劳动态度	劳动行为	劳动成果	自我评定（等级）	学生互评（分值）	教师评定（分值）
常规考核综合分析	积极主动 遵守纪律 守时有责任心 服从安排	安全操作 符合工作要求 与他人协作	完成劳动任务，达到任务要求			
校内外公益服务性劳动参与	遵守纪律 服从安排 自觉自愿	符合每项公益服务劳动的要求				
学期劳动综合评价（等级）						

课程自我评定

1. 我的劳动考核综合测评等级：_____。

2. 劳动考核结果是否客观、真实和有效：_____。

3. 结合劳动考核结果来看，我做得很棒的方面是：_____
_____。

我仍需努力的方面有：_____
_____。

4. 劳动考核"重结果更重过程"之我见：_____
_____。

参 考 文 献

[1] 檀传宝.劳动创造美好生活［M］.北京：中国劳动社会保障出版社，2019.
[2] 于波.大力弘扬新时代劳动精神［N/OL］.社会科学报，2020-06-23［2021-04-28］ex.cssn.cn/zx/bwyc/202006/t20200623_5146485.shtml.
[3] 任庆凤，李兴华.职业素养与就业指导［M］.北京：机械工业出版社，2019.
[4] 金正昆.社交礼仪教程［M］.北京：机械工业出版社，2019.
[5] 刘晓东.餐厅服务实训教程［M］.北京：旅游教育出版社，2009.
[6] 人力资源社会保障部教材办公室.餐厅服务［M］.4版.北京：中国劳动社会保障出版社，2016.
[7] 钱佳欣，肖东发.中华精神家园：衣食天下·美食中国·八大菜系与文化内涵［M］.北京：现代出版社，2014.
[8] 刘涛.中职学生安全防范与危险处理［M］.北京：人民交通出版社，2018.
[9] 人力资源社会保障部教材办公室.3D打印技术概论［M］.北京：中国劳动社会保障出版社，2019.
[10] 蒋红枫，邢亚林.汽车维护［M］.北京：人民交通出版社，2014.
[11] 李立群.商品包装装潢设计［M］.北京：机械工业出版社，2004.
[12] 大森信.清扫的力量［M］.赵鲲，译.北京：电子工业出版社，2012.
[13] 金旭东.包装设计［M］.北京：中国青年出版社，2012.
[14] 克里姆切克，克拉索维克.包装设计：品牌的塑造 从概念构思到货架展示［M］.李慧娟，译.上海：上海人民美术出版社，2008.